Walter E. Keller

W0228370

Deutsche Limesstraße

vom Main zur Donau

Herausgegeben in
Zusammenarbeit mit dem Verein
Deutsche Limesstraße e.V.

Verlag Walter E. Keller

Titelfoto: Der Römerturm bei Erkertshofen

Walter E. Keller ist Journalist, Sachbuchautor und Verleger in Treuchtlingen. Er hat die redaktionelle Konzeption und den Text erarbeitet. Im Verlag Keller sind zahlreiche Standardwerke über den Naturpark Altmühltal und das Fränkische Seenland erschienen.

Als Grundlagen für Texte und Abbildungen dienten unter anderem die in der gleichen Reihe erschienenen Taschenbücher „Die Römer am Limes", „Die Römer an der Donau", „Kastell Weißenburg", „Römische Thermen Weißenburg" sowie Unterlagen und Angaben des Vereins „Deutsche Limesstraße" und der angeschlossenen Städte und Gemeinden. Ausgewertet wurden auch die Standardwerke über den Limes sowie Spezialveröffentlichungen des Bayer. Landesamtes für Denkmalpflege sowie des Landesdenkmalamtes Baden-Württemberg.

Ute Jäger M. A. hat die Kapitel 31 und 32 verfaßt und dankenswerterweise die abschließende wissenschaftliche Durchsicht des Manuskripts übernommen.

Die Deutsche Bibliothek – CIP-Einheitsaufnahme

Keller, Walter E.:
Deutsche Limesstrasse vom Main zur Donau / Walter E. Keller.
Hrsg. in Zusammenarbeit mit dem Verein Deutsche
Limesstrasse e.V. - 1. Aufl., 1. - 3. Tsd.- Treuchtlingen :
Keller, 1997
    (Reihe gelbe Taschenbuch-Führer)
    ISBN 3-924828-75-X

1. Auflage
Lithos: e + r Repro GmbH, Donauwörth
Druck: W. Lühker GmbH, Weißenburg
Printed in Germany – 1.–3. Tausend
ISBN 3-924828-75-X
Gedruckt auf Recycling-Papier und -Karton

Inhalt

Deutsche Limesstraße

Die Limesstraße ist die jüngste Touristikstraße Deutschlands. Sie führt entlang des obergermanischen und des rätischen Limes vom Main in Miltenberg bis zur Donau in Regensburg.

An dieser über 400 Kilometer langen Strecke durch Baden-Württemberg und Bayern finden sich viele Zeugnisse aus der Römerzeit als Bodendenkmäler und in Museen. 42 Orte und Landkreise in beiden Bundesländern haben sich zum Verein „Deutsche Limesstraße" zusammengeschlossen. Ihr gemeinsames Ziel ist es, diesen Abschnitt der einstigen Grenze des römischen Reiches einem geschichtsbewußten Tourismus zu eröffnen.

Die Route leitet durch bekannte Mittelgebirgs-Landschaften Süddeutschlands, darunter durch die Naturparke Bergstraße-Odenwald, Schwäbisch-Fränkischer Wald, Altmühltal sowie durch das Fränkische Seenland. Dabei erschließen sich auch Landstriche, reizvolle Dörfer und Städte abseits der großen Straßen. Neben den Relikten der römischen Vergangenheit läßt sich an der Deutschen Limesstraße auch viel Sehenswertes aus anderen Kulturepochen entdecken.

Die Deutsche Limesstraße folgt der jüngsten Ausbauphase der römischen Reichsgrenze im süddeutschen Raum, die damit auch die größte Ausdehnung römischer Herrschaft in Germanien markiert.

Die wissenschaftlich-systematische Erforschung des Limesverlaufs ist der Reichs-Limeskommission zu verdanken, die Ende des 19. Jahrhunderts ihre Arbeit aufnahm. Viele der heute sichtbaren Bodendenkmäler am Limes wurden nach Ausgrabungen vom Landesdenkmalamt Baden-Württemberg bzw. dem Bayerischen Landesamt für Denkmalpflege in den siebziger und achtziger Jahren des 20. Jahrhunderts konserviert und restauriert. Im gleichen Zeitraum entstanden auch archäologische Parks und Wanderpfade sowie vorbildliche Museen. Allerdings sind die genannten Einrichtungen in einem unterschiedlichen Pflege- und Erhaltungszustand. Im Zuge des Ausbaus der deut-

schen Limesstraße soll jedoch ein einheitlicher hoher Standard erreicht werden.

Im vorliegenden Führer werden diese sichtbaren Zeugnisse der römischen Vergangenheit am Limes zwischen Main und Donau sowie Museen mit Funden aus der Römerzeit beschrieben. Die einzelnen Sehenswürdigkeiten sind mit einer Ordnungsziffer gekennzeichnet, die sich auch auf der beigefügten Übersichtskarte findet. Hinweise auf die Lage und die Erreichbarkeit sowie gegebenenfalls Adressen, Telefonnummern und Öffnungszeiten und schließlich Verweise auf Sehenswürdigkeiten aus anderen Kulturepochen machen dieses Taschenbuch zu einem hilfreichen Führer „auf den Spuren der Römer".

Zum Auffinden des Limes und der römischen Bodendenkmäler im Gelände sind zusätzlich zur Beschreibung in diesem Führer und zur Übersichtskarte gute Karten unerläßlich. Empfohlen werden z. B die offiziellen Karten 1:50 000 des Landesvermessungsamts Baden-Württemberg „Naturpark Schwäbisch-Fränkischer Wald" sowie des Bayer. Landesvermessungsamtes „Neues Fränkisches Seenland und Naturpark Altmühltal – Westlicher Teil" sowie „Naturpark Altmühltal – Mittlerer und östlicher Teil".

Hilfreich (wenn auch veraltet) für die Erkundung des gesamten Limesverlaufs im beschriebenen Gebiet sind die beiden Bände „Der Limes in Südwestdeutschland" und „Der Limes in Bayern" (Theiss-Verlag) mit eingesteckten Vermessungsamtskarten. Handlicher und auf neuerem Stand ist das Buch „Der römische Limes" (Gebr. Mann Verlag, Berlin) mit einer vollständigen Beschreibung des römischen Limes zwischen Rhein und Donau.

Die Kapitelnummern korrespondieren mit der offiziellen Kennzeichnung im Prospekt über die Deutsche Limesstraße; die Kapitel mit „a" dienen der besseren Gliederung der Bereiche.

< *Zwei römische Legionäre aus Bronze*
an der Altmühlbrücke bei Pfünz

Römische Herrschaft und Limes in Obergermanien und Rätien

Im Jahr 15 v. Chr. unternahmen die beiden Stiefsöhne des Kaisers Augustus (31 v. Chr.–14 n. Chr.), Drusus und Tiberius, einen Feldzug durch die Alpen, um dort ansässige kriegerische Volksstämme zu unterwerfen. Dadurch gelangte das von keltischen Vindelikern, Rätern und Norikern besiedelte Alpenvorland im heute schwäbisch-bayerischen Bereich ebenfalls unter römische Herrschaft. Damit sollte die Gefahr gebannt werden, die Rom von den Völkern des Nordens nach dem Auftreten der Cimbern und Teutonen in Oberitalien (102/101 v. Chr.) ausgehen sah. Eine Eroberung weiterer germanischer Gebiete wurde dann ab 12 v. Chr. versucht. Starker Widerstand der Germanen, der Aufstand in Pannonien (ab 6 n. Chr.) und der Untergang dreier römischer Legionen im Teutoburger Wald (9 n. Chr.) vereitelten diesen ehrgeizigen Plan.

Zwischenzeitlich hatten die Hermunduren, mit denen die Römer an der Elbe friedlich zusammengetroffen waren, wahrscheinlich im Gebiet des heutigen Frankens neue Wohnsitze eingenommen. Wegen der guten Beziehungen zu diesem Stamm wurden die römischen Truppen im Alpenvorland reduziert. Als an eine Wiederaufnahme der Offensive nach Norden nicht mehr zu denken war, wurden unter Kaiser Claudius (41–54) militärische Standorte an der Donau errichtet. Spätestens in seine Regierungszeit fällt die Gründung der Provinz Raetia. In den unruhigen Jahren nach Neros Tod (Bataveraufstand 68/69, Vierkaiserjahr 69 mit bürgerkriegsähnlichen Verhältnissen in Rom) erschien die Verkürzung der Straßenverbindung zwischen Donau und Rhein notwendig; bisher hatte der Weg über Basel geführt.

Kaiser Domitian (81–96) verlegte die obergermanische Grenze an den Neckar und die Nordgrenze Rätiens auf die Schwäbisch-Fränkischen Alb. Die betroffenen Landstriche waren nach der Beschreibung in der „Germania" des Geschichtsschreibers Tacitus (ca. 55– ca. 117) nur sehr dünn besiedelt; darum gab es auch keinen Widerstand gegen die Ausweitung des römischen Herrschaftsgebiets. Hierzu zählten nun auch die frucht-baren und daher für die Versorgung der Grenztruppen wichtigen Landstriche im Ries und nördlich des Juras.

Natürliche Hindernisse wie Flußläufe und Bergketten waren zu allen Zeiten sichere und einleuchtende Grenzlinien. Strategi-sche Überlegungen veranlaßten die Römer, die Rhein- und Do-naulinie zu überschreiten. Zur Sicherung des gewonnenen Lan-des errichteten sie eine Reihe von Militärstützpunkten, die an taktisch günstigen Orten lagen und von denen aus Truppen zur Abwehr feindlicher Übergriffe eingesetzt werden konnten. Gleichzeitig war man sich der Notwendigkeit einer klaren Grenz-linie, die auch überwacht werden konnte, bewußt.

Diese künstliche Grenze zum freien Germanien bildete der so-genannte Limes. Die Bezeichnung „limes" wird von Sextus Iuli-us Frontinus, Verfasser von Werken zur Kriegskunst und Ver-messung, im 1. Jahrhundert n. Chr. im Zusammmenhang mit dem Chattenkrieg (83–85) Domitians erstmals verwendet. Die Chatten griffen immer wieder überraschend aus den Wäldern an und fügten römischen Heeresteilen empfindliche Verluste zu. Der Kaiser ließ daher *limites* (Plural zu *limes*), also Schneisen, schlagen, von denen aus die Feinde aus ihren Hinterhalten ver-trieben wurden. Tacitus verwendet das Wort in seiner „Germa-nia" erstmals im Sinn von „Reichsgrenze".

Die römische Grenze war also zuerst eine Waldschneise, in der ein Postenweg verlief und wo regelmäßig Soldaten patrouillier-ten. Überwacht wurde der Weg von Holztürmen aus, die in Sichtweite voneinander standen. Vermutlich Hadrian (117–138) ließ vor dem Postenweg eine Palisade bauen. Seit Mitte des 2. Jahrhunderts wurden die Holztürme durch Steinbauten ersetzt. In der letzten Ausbaustufe, Anfang des 3. Jahrhunderts oder bereits während der Markomanneneinfälle, verband man die Steintürme mit einer 1,2 Meter breiten und drei bis vier Meter hohen Mauer bzw. mit Wall, Graben und Palisaden. Während sich darin der obergermanische vom rätischen Limes unter-schied, wurden Türme und Kastelle in beiden Provinzen nach weitgehend einheitlichen Bauplänen errichtet.

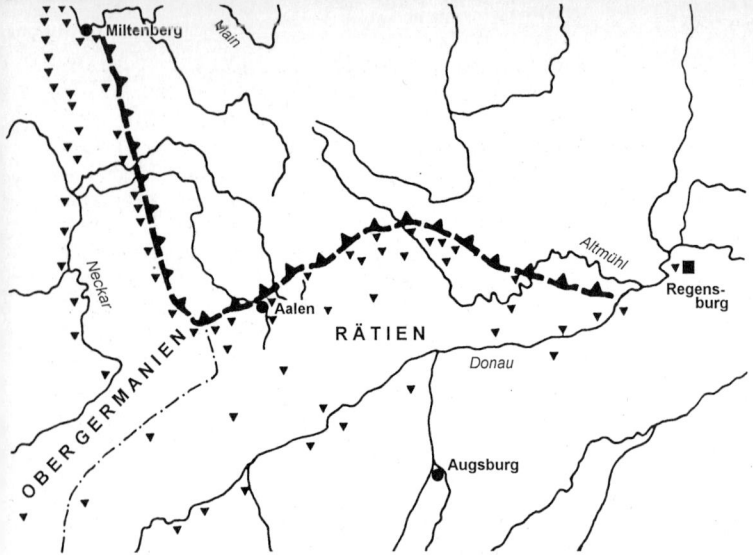

Verlauf des obergermanisch-rätischen Limes mit Kastellen

Der obergermanische Limes zog vom Rhein am Fuß des Westerwalds bis Seligenstadt am Main. Ab hier bildete der Fluß die sogenannte „nasse Grenze",wie sie Tacitus nennt. Ab Miltenberg verlief der Limes als künstliche Grenze bis zum Rotenbachtal bei Schwäbisch Gmünd in südliche Richtung.

Dieses rund 105 Kilometer lange Teilstück mit 159 nachgewiesenen Türmen und 23 Kastellen zwischen Main und Rems weist eine Reihe von Besonderheiten auf: Die Linie Walldürn-Welzheim bildet mit etwas mehr als 80 Kilometern die längste schnurgerade Strecke des gesamten Limesverlaufs. Lediglich zwischen Mainhardt und Öhringen mußte einem Gelände-Einschnitt ausgewichen werden. Diese Streckenführung weist auf den hohen Stand der römischen Vermessungstechnik hin. An mehreren Stellen des schnurgeraden Abschnitts wurden zwischen Jagsthausen und Osterburken die Reste einer 1,20 bis 1,85 Meter breiten Limesmauer vorgefunden, die offenbar Wall und Graben ersetzte. Daraus läßt sich schließen, daß noch bis in die letzten Jahre ihres Bestehens an der römischen Reichsgrenze gebaut wurde.

Nördlich und südlich der geraden Strecke paßte sich der Limes wie andernorts völlig dem Gelände an. Auf den letzten Teilstücken am Main und bei Lorch sind zwar Wachttürme nachgewiesen, Spuren von Wall und Graben fehlen jedoch. Möglicherweise ist die Grenzbefestigung dort unvollendet geblieben.

Älter und weiter westlich gelegen als der obergermanische Limes im Bereich Miltenberg–Rotenbachtal war der sogenannte Odenwald-Neckar-Limes. Er verließ den Main bei Obernburg und zog nach Süden zum Neckar bei Bad Wimpfen. Diese Linie war rund 70 Kilometer lang. Bis Köngen wurden die Kastelle entlang des Flusses unter Domitian errichtet, am eigentlichen Limes unter Traian. Der Limes bestand hier nur aus einer Palisade mit einem kleinen Gräbchen sowie Holz- und später Steintürmen. Bauinschriften zufolge wurde die Odenwaldgrenze zwischen 148 und 161 n. Chr. aufgelassen und durch die vordere Limeslinie ersetzt.

An diesem Abschnitt des obergermanischen Limes und noch bis Aalen am rätischen Limes entstanden die Auxiliarkastelle während der Regierungszeit von Antoninus Pius.

Von Aalen aus erfolgte der erste Ausbau des rätischen Limes unter Kaiser Domitian mit Holztürmen und Holz-Erde-Kastellen. Die zweite Ausbaustufe unter Kaiser Hadrian wies eine Steinmauer mit steinernen Wachttürmen auf.

In Obergermanien, vor allem im Odenwald-Bereich, wurden die römischen Bauten aus rotem Bundsandstein errichtet, südlich von Walldürn beginnt der Muschelkalk, am rätischen Limes wurde Jurakalkstein verwendet. Der Wall des obergermanischen Limes mit dem vorgelagerten Graben blieb häufig gut erhalten, die rätische Mauer dagegen wurde oft von späteren Bewohnern der Gegend zu Bauzwecken abgetragen.

Der Limes war keine zu verteidigende Grenzbefestigung und auch beileibe nicht „undurchlässig". Tore im Limes ermöglichten den Verkehr und den Warenaustausch mit den Germanenstämmen der Umgebung. Zweck des Limes war vielmehr die Kontrolle der Grenze und die Abwehr von Überfällen kleinerer räuberischer Horden. Bei größeren Angriffen wurde Alarm durch Feuerzeichen und Hornsignale von Turm zu Turm und weiter

Obergermanischer Limes mit Palisade, Wall, Graben und Steinturm (oben), rätischer Limes in der letzten Ausbauphase mit Mauer und Steinturm

Schnitt durch einen Wachtturm aus Stein

13

ins Hinterland gegeben. Von den dortigen Kastellen rückten dann Einheiten den Angreifern entgegen.

In der Nähe der Militärlager bildeten sich zivile Siedlungen (*vici*), in denen die Familienangehörigen der Soldaten lebten und sich auch Händler, Handwerker und Gastwirte niederließen. Um die Versorgung der Garnisonen und Siedlungen ohne lange Transportwege zu gewährleisten, wurde die Landwirtschaft gefördert. Durch die große Zahl der Gutshöfe (*villae rusticae*) wurde der Bedarf der Bevölkerung weitgehend gedeckt.

Unter Kaiser Traian (98–117) hatte Rätien seine größte Ausdehnung nach Norden erreicht. In der Folgezeit entwickelte sich hinter der weiter verstärkten Limeslinie ein reges wirtschaftliches und gesellschaftliches Leben, das durch die Auseinandersetzungen mit Chatten (162) und Markomannen (166–180) unterbrochen wurde. In der Regierungszeit des Commodus (180–192) wurden daher verschiedene Militäranlagen verstärkt, und das Leben in der Provinz verlief wieder wie gewohnt. Der Feldzug Caracallas (211–217) im Sommer 213 gegen die in Rätien und in Obergermanien eingedrungenen Alamannen brachte für das Land noch einmal eine Phase des Friedens.

Im Jahr 233 erfolgte der erste groß angelegte Alamanneneinfall in Rätien. Verschiedene Hortfunde aus dieser Zeit (z. B. in Weißenburg) belegen das Ausmaß des Vorstoßes. Hauptziel scheint das Allgäu gewesen zu sein; Campodunum-Kempten wurde stark zerstört. Kaiser Severus Alexander (222–235) hatte gerade einen Feldzug in Persien erfolgreich beendet, an dem auch starke Truppenkontingente aus Rätien und Obergermanien beteiligt waren. Diese Schwäche der Grenzverteidigung hatte der Gegner ausgenutzt. Für eine Reihe von Kastellen, kleinen Ansiedlungen und einzelnen Gehöften war damit das Ende gekommen. Einige Garnisonen wurden nach den Erfolgen des Kaisers Maximinus Thrax (235–238) wieder erneuert, das zivile Leben erholte sich jedoch nur in bescheidenem Rahmen.

Die ständigen Unruhen im Osten des römischen Reiches und die Machtkämpfe von Feldherren, die sich von ihren Truppen zum Kaiser ausrufen ließen, schwächten die Grenzverteidigung immer mehr. Für 242 ist durch Münzhorte eine erneute Angriffswelle in Rätien nachgewiesen. 259 wurde Kaiser Valerian (253–259) von den Persern in Syrien gefangengenommen. Sein Sohn Gallienus (260–268) unternahm zwischen 258 und 260 Feldzüge in den pannonischen Donauraum. Diese Zeit nützten die Franken zum Angriff auf Obergermanien und zum Vorstoß nach Gallien, die Alamannen fielen in Rätien ein und gelangten bis Oberitalien. Dort wurden sie 260/61 bei Mailand von Gallienus vernichtend geschlagen. Die Limesgebiete waren allerdings endgültig verloren, die Ansiedlungen weitgehend verwüstet. Rhein und Donau bildeten nun wieder die Grenzen des römischen Reiches in Germanien.

Um die Mitte des 3. Jahrhunderts war also das gesamte aufwendige Befestigungswerk in den Germanenstürmen untergegangen. Die Palisade zerfiel, Wall und Graben wurden auf weite Strecken verweht oder gewaltsam eingeebnet, und die Ruinen der Steintürme, der Mauerpartien und der Kastelle dienten jahrhundertelang als willkommene Steinbrüche. Beispielsweise wurden noch in den 70er Jahren des 19. Jahrhunderts die Steine des Odenwaldkastells Lützelbach systematisch ausgebrochen und verkauft. Ein Chronist berichtete, daß die Limesmauer um 1780 noch auf weiten Strecken deutlich zu sehen war, doch „hólten sich die Anwohner fuderweise Steine von da". Entsprechend waren 1980 vom Limesabschnitt zwischen Main und Rems nur noch knapp 20 Kilometer in der Landschaft sichtbar.

Die Menschen des Mittelalters wußten nichts mehr von Zweck und Ursprung der Mauer. Deshalb schrieben sie das für sie unerklärliche Werk dem Teufel zu. Der Name „Teufelsmauer" blieb daher weit volkstümlicher als die Bezeichnung Limes. Der verfallende Wall wurde denn auch zum Schauplatz vieler Sagen.

Wenn heute Verlauf, Beschaffenheit und Datierung des Limes gesichert sind, ist das vor allem den zentralen Forschungen der Reichs-Limeskommission zu verdanken, die 1892 unter Vorsitz des Althistorikers und Literatur-Nobelpreisträgers Theodor Mommsen (1817–-1903) gegründet worden war. Dabei hatten das Königreich Württemberg, das Großherzogtum Baden, das Großherzogtums Hessen-Darmstadt und das Königreich Bayern wertvolle Vorarbeiten geleistet.

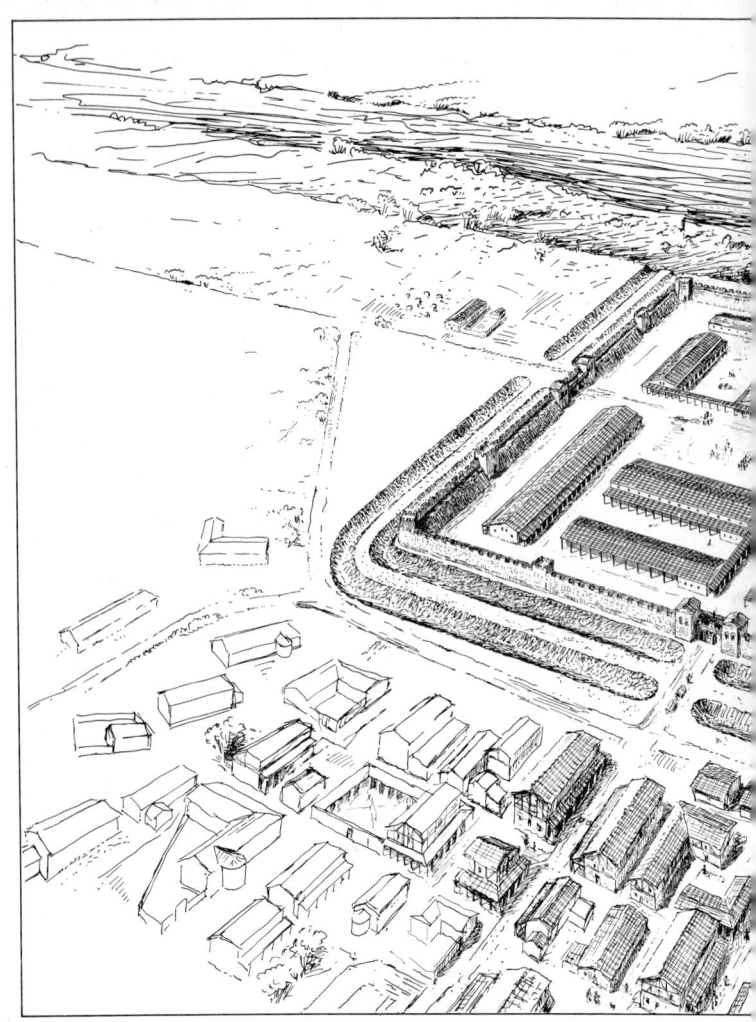

Beispiel für ein Kastell mit angrenzender Zivilsiedlung:

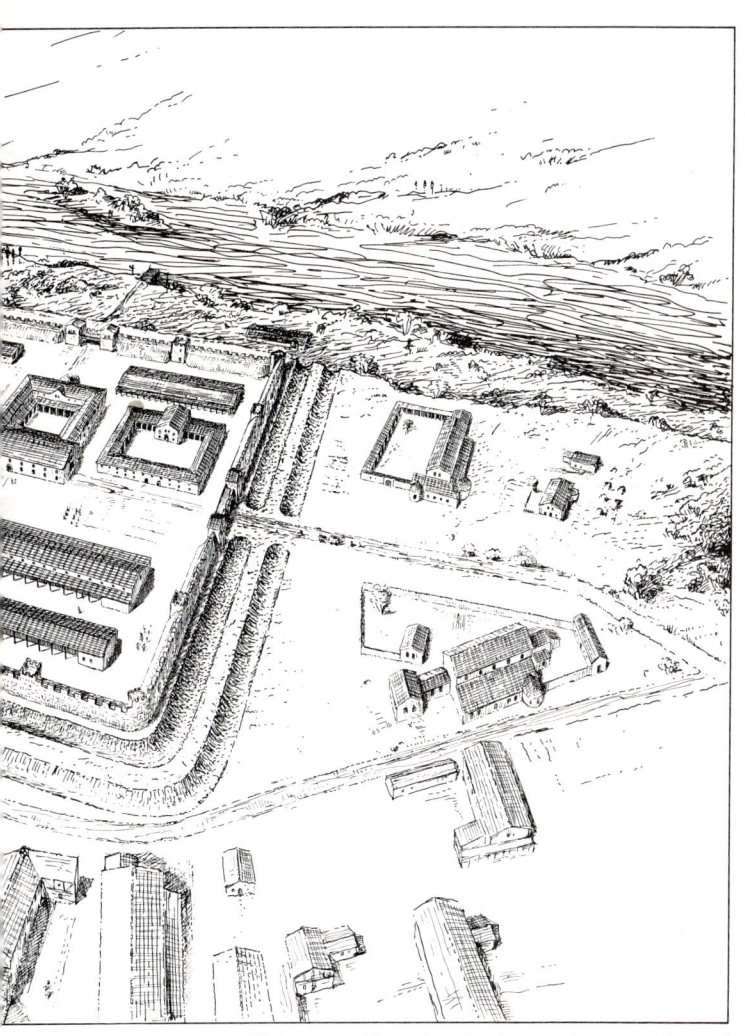

Eining um 200 n. Chr. (Rekonstruktionszeichnung)

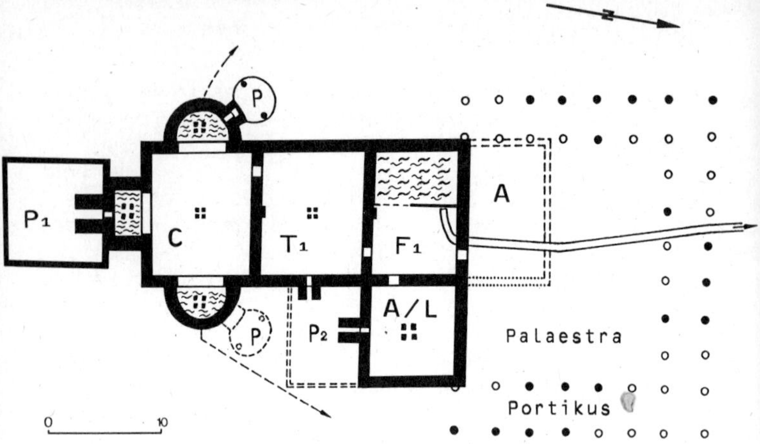

Eine typische Thermenanlage: Bauphase I und III in Weißenburg.
A = Apodyterium (Umkleideraum), B = Basilika (Gymnastikhalle),
C = Caldarium (Warmbad), F = Frigidarium (Kaltbad), L = Laconium
(Sauna), P = Präfurnium (Heizraum)

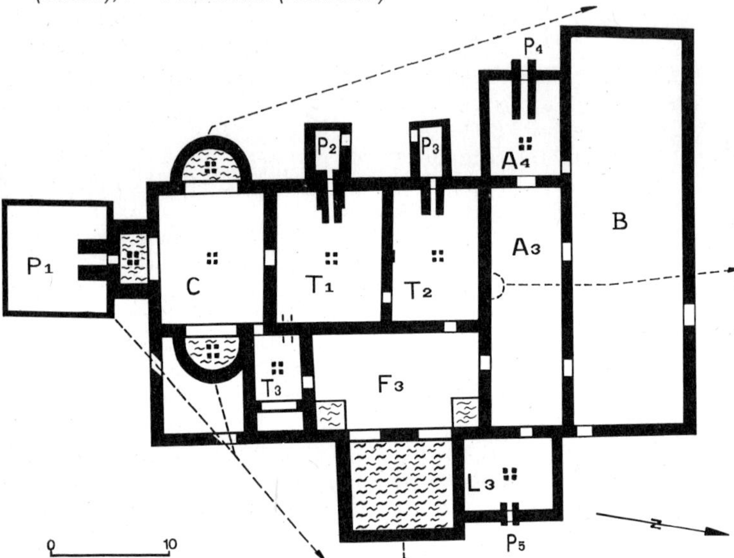

Die Limeswege

Der Limes zwischen Main und Donau läßt sich außer auf örtlichen Lehrpfaden und Rundwegen auch auf zwei Fernwanderwegen begehen.

Der Limeswanderweg Main–Rems–Wörnitz führt von Miltenberg am Main entlang der römischen Grenze quer durch Baden-Württemberg bis zum bayerischen Wilburgstetten. Der Fernwanderweg des Schwäbischen Albvereins hat eine Länge von rund 200 Kilometern und ist mit einem stilisierten römischen Wachtturm gezeichnet.

Auf dem mit „L" gekennzeichneten Limeswanderweg kann man im Naturpark Altmühltal auf 110 Kilometern zwischen Gunzenhausen und Kelheim dem römischen Grenzverlauf folgen.

Das Zwischenstück im bayerischen Landkreis Ansbach ist nicht durchgehend markiert. Doch läßt sich der Limes mit Hilfe guter Karten auch hier erwandern.

Unwegsame Limesabschnitte umgehen die in den Karten festgelegten Limeswege. Dennoch sind sie zum Teil schwierig zu laufen, erfordern festes Schuhwerk und gute Kondition. Auch muß man damit rechnen, daß die Markierung nicht überall vorhanden ist. Einzelne Teilstrecken der Limeswanderwege lassen sich mit örtlichen Wanderwegen zu reizvollen Rundstrecken verbinden. Darauf wird in der folgenden Beschreibung gelegentlich hingewiesen.

Generell ist für Fernwanderungen auf den Spuren der Römer gutes Kartenmaterial unerläßlich (siehe Hinweise im einleitenden Kapitel „Deutsche Limesstraße").

Geplant ist, den Limes zwischen Main und Donau auch mit Radwegen abseits der Verkehrsstraßen zu erschließen. Das erfordert jedoch einen erheblichen organisatorischen, administrativen und nicht zuletzt finanziellen Aufwand. Selbstverständlich läßt sich die Deutsche Limesstraße auch mit dem Fahrrad abfahren, zumal sie in der Regel nicht auf Hauptverkehrsstraßen geführt wird. Konzipiert jedoch ist sie zunächst als Erlebnisroute für motorisierte Touristen.

Bodendenkmäler und Museen

1 KASTELLE UND BEGINN DES LIMES IN MILTENBERG

Museum der Stadt Miltenberg mit großer römischer Abteilung im Haus Miltenberg aus dem 15. Jh. am Marktplatz (Schnatterloch), geöffnet vom 1. Mai bis 31. Oktober täglich außer montags 11 bis 17 Uhr, vom 1. November bis 30. April mittwochs bis sonntags von 11 bis 16 Uhr, Führungen nach Vereinbarung, Tel./Fax 09371/404153

Altstadtkastell, am Altstadtweg, Gelände westlich der Mud zwischen Bahnlinie und Main; Mauerreste derzeit kaum auffindbar

Ostkastell und Beginn des Limes am Mainufer östlich der Luitpoldstraße (am Ende von Gartenstraße und Jahnstraße); derzeit keine Hinweise oder römische Spuren

Das Mainknie bei Miltenberg zwischen dem Spessart und dem Odenwald erlangte für die römische Provinz Obergermanien strategische Bedeutung, als Mitte des 2. Jahrhunderts die Grenze von der Odenwald-Neckar-Linie weiter nach Osten verschoben wurde. Damit lag die Flußbiegung im Verlauf des obergermanischen Limes am Südende des Teilstücks, wo der Main die Grenze bildete, und am Nordende der Strecke vom Main bis fast ins Remstal; dort an der Grenze zur römischen Provinz Rätien änderte der Limes seine Richtung um fast 90 Grad.

Im Bereich der späteren Stadt Miltenberg entstanden zwei Kastelle etwa in gleicher Höhe westlich und östlich des Mainknies. Das sogenannte **Altstadtkastell** im Mündungsbereich der Mud hat den Namen von seiner nachrömischen Geschichte: Im Mittelalter wurden die verlassenen römischen Mauern wieder zur Umwehrung einer Siedlung ergänzt. Wie bei vielen Kastellen überbaute man damals das einstige Stabsgebäude mit einer Kirche. Allerdings überdauerte diese Siedlung das 13. Jahrhundert nicht. Unabhängig davon entwickelte sich das Ende des 12. Jahrhunderts erstmals erwähnte, rund zwei Kilometer weiter östlich gelegene Miltenberg.

Der antike Name des 2,7 Hektar umfassenden Kohortenkastells ist nicht überliefert. Ältere Bauteile stammen möglicherweise noch aus der Regierungszeit von Kaiser Hadrian, also kurz vor

Mitte des 2. Jahrhunderts, während der obergermanische Limes und die dazugehörigen Kastelle mit Sicherheit unter Kaiser Antoninus Pius (138–161) fertiggestellt wurden. Das Kastell hatte einen annähernd quadratischen Grundriß, verfügte über ein Kastellbad sowie über eine befestigte Lände am nahen Mainufer. Zugehörig waren ein Lagerdorf, ein Militär- und ein Zivilfriedhof. Zuerst entdeckt wurden die Kastellreste 1840; beim Bahnbau ab 1875 fanden sich im Badgebäude Fragmente von Weihealtären und Statuen der Göttin Fortuna. 1878 führte die Reichs-Limeskommission Untersuchungen der Kastellmauern durch. Der Bahndamm schneidet die Südwestseite des Kastellgeländes an und überdeckt einen Teil des Bades. Grabungen zwischen 1970 und 1975 sicherten den Verlauf von Lagermauer und Spitzgraben, die Lage der vier Tore, der Mauertürme, des Stabsgebäudes sowie eines Getreidespeichers (*horreum*).
Die Wasserversorgung des Kastells erfolgte nicht vom Main her, sondern vom Heunebrunnen am rund 1,5 Kilometer Luftlinie entfernten Heuneberg westlich der Mud. Er liefert auch heute noch Trinkwasser nach Miltenberg.

Mainfränkisches Fachwerk in Miltenberg

Die Kastellbesatzung war die *Cohors I Sequanorum et Rauraco-rum*. Dies geht aus der Inschrift eines fragmentarischen Weihe-altars vom Merkurheiligtum auf dem Greinberg hervor. Bereits in vorgeschichtlicher Zeit war die Talöffnung der Mud zum Main hin durch einen großen Ringwall auf dem Greinberg gesichert. In römischer Zeit bestanden sowohl nahe des Gipfelplateaus in-nerhalb der Umwallung wie auch am Nordhang des Berges Hei-ligtümer, die dem Merkur geweiht waren. Eine weitere Nennung der Lagerbesatzung fand sich auf einem Stein, der zum Bau des Doms in Frankfurt benutzt wurde. Seit dem 15. Jahrhundert verschiffte man Steine aus den Brüchen um Miltenberg nach Frankfurt. Bei diesem Handel bedienten sich die Miltenberger auch der bereits fertig behauenen Steine des einstigen Kastells.

Das kleinere **Ostkastell** – im Bereich der heutigen Berufsschule an der Gartenstraße – sicherte den Beginn des Limes am Fluß-ufer (in den heutigen Mainanlagen beim Sportplatz). Von dort aus zieht der Limes mit der von der Reichs-Limeskommission festgelegten Streckennummer 7 in südöstlicher Richtung den Taleinschnitt des Stephleinsgraben hinauf auf die Hochfläche bei Wenschdorf. Die Besatzung des kleinen Numeruskastells ist ebenfalls durch die Inschrift auf einem Weihestein am Grein-berg bekannt; es war der *Numerus exploratorum Seiopensium*, eine Kundschaftereinheit der Seiopenser. Auch hier gab es ein Lagerdorf, vermutlich ebenfalls ein Bad. Eine 1979 aufgefun-dene Bauinschrift berichtet von Neu- bzw. Umbauten am Kastell zu Beginn des 3. Jahrhunderts. Mitte jenes Jahrhunderts ging die Zeit der römischen Besatzung auch hier zu Ende.

Das **Museum** der Stadt Miltenberg präsentiert nach der Neu-ordnung der Sammlungen 1996 auch die Abteilung Römerzeit neu. Aus der Fülle der Exponate werden repäsentative Stücke gezeigt, die in Materialgruppen und Themen gegliedert sind. Neben Funden und Nachbildungen, darunter Figurengruppen und Inschriftensteine, zeigen Karten, Luftaufnahmen und Re-konstruktionen Zusammenhänge auf. Auch der sogenannte „Toutonenstein" ist hier zu sehen, eine Säule, die vermutlich als römischer Grenzstein dienen sollte und 1878 am Greinbergpla-teau aufgefunden wurde.

Miltenberg ist bekannt durch sein historisches Stadtbild mit zahlreichen malerischen mainfränkischen Fachwerkgebäuden mit reichem Schnitzwerk. Die Mildenburg, unweit des Stadtkerns am Hang gelegen, ist von April bis Oktober täglich außer montags geöffnet.

Oberhalb des tiefen Einschnitts des Stephleinsgrabens zwischen Kohlplatte und Sommerberg liegt an der „Steigenklinge" **WP 7/6**. Die Fundamente dieses Steinturms sowie die Grundmauern eines größeren Nebengebäudes sind erkennbar. Bei dem nicht lokalisierten WP 7/7 macht der Limes einen Knick nach Süden bis zum WP 7/13, wo er sich wieder nach Südosten wendet.

Übersichtsplan der römischen Stätten in Miltenberg

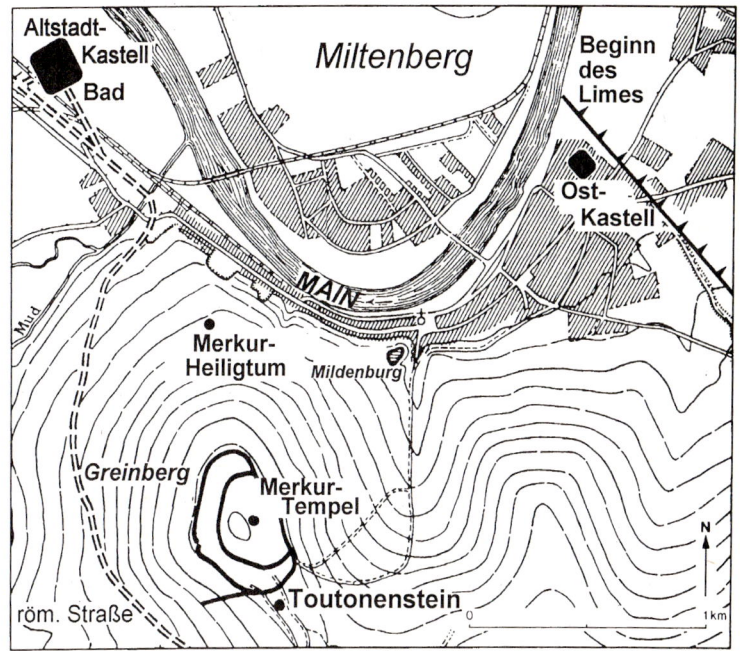

2 KLEINKASTELL HASELBURG

An der Straße zwischen Gerolzahn und Reinhardsachsen (ca. 600 m
nördlich der Kreuzung dieser Straße mit der von Miltenberg über
Wenschdorf nach Walldürn).

Eine Besonderheit am obergermanischen Limes sind die sogenannten Kleinkastelle. Zu diesem Typ zählt das **Kastell Haselburg**. Im Gegensatz zu den „großen" Kastellen besaßen diese
Unterkünfte für eine etwa 80 bis 100 Mann zählende Einheit nur
zwei Lagertore und demzufolge auch nur eine Straßenachse.
Auf deren beiden Seiten grenzten die Mannschaftsunterkünfte
in Fachwerk-Bauweise an. Die *centuria* unterstand vermutlich
der Besatzung des Kastells Walldürn. Numeruskastelle wurden
in der Regel mit einer Einheit belegt, deren Mitglieder eine ge-
meinsame Volks- oder Stammeszugehörigkeit besaßen.
Das Kleinkastell Haselburg liegt rund 70 Meter westlich des Limes. Auch dieses Kastell erlebte zwei Bauphasen: eine ältere,
in der das Lager mit Holzgebäuden von einem beiderseits mit
Bohlen bzw. Palisaden abgestützten Erdwall umgeben war, und
eine folgende mit einer steinernen Kastellmauer. Wie alle Bauten am obergermanischen Limes in diesem Gebiet stammt auch
das Kleinkastell aus der Mitte des 2. Jahrhunderts und war –
wie Münzfunde beweisen – bis mindestens 259 belegt.
1975 wurde die Anlage vollständig ergraben. Der erste Bau, mit
48 mal 43 Metern fast quadratisch, brannte bald nach der Fer-
tigstellung nieder. Das mit einer Steinmauer umgebene Areal
wurde dann Richtung Limes erweitert und maß 53 mal 44 Meter. Um die Mauer verlief ein mehr als zwei Meter tiefer Graben,
an ihrer Innenwand war ein drei Meter breiter Erdwall aufge-
schüttet. An das Westtor schloß vermutlich ein kleines Lagerdorf an, vervollständigt durch ein Bad an einer nahen Quelle.
Bei den Ausgrabungen fanden sich unterkellerte Räume, mehrere Zisternen und ein Hortfund von Eisengeräten einschließlich
eines Schwertes. Die Funde sind im Stadt- und Wallfahrtsmuseum Walldürn ausgestellt (siehe Kap. 3)
Während am Ende des 18. Jahrhunderts noch ausreichend
Mauerwerk vorhanden gewesen sein muß, um Steine für den
Bau der Kirche in Reinhardsachsen und zum Straßenbau abzu-

transportieren, fand sich 1975 kein aufgehendes Mauerwerk mehr. Nach Abschluß der Grabungen wurde das dem Limes zugewandte Osttor mit den anschließenden Mauerstücken bis zur Höhe von rund einem Meter wieder aufgemauert. Eine Schautafel ergänzt die Anlage.

Im nahen Gottersdorf ist das Odenwälder Freilandmuseum angesiedelt, geöffnet täglich außer montags im April und Oktober von 10 bis 17 Uhr, von Mai bis September 10 bis 18 Uhr.

3 LIMESLEHRPFAD, KASTELL UND BAD WALLDÜRN

Limeslehrpfad entlang des Limes mit Wachtturmfundamenten, Schautafeln, P ca. 1 km nordöstlich von Walldürn (Wegweiser „Industriegebiet Nord – Limes")

Kastell und Kastellbad südlich der Straße Walldürn–Waldstetten (Wegweiser „Römerbad"), P, Übersichtstafeln

Stadt- und Wallfahrtsmuseum mit römischen Funden, Hauptstr. 39, geöffnet im Sommerhalbjahr dienstags, donnerstags und sonntags von 14 bis 16 Uhr. Sonderführungen für Gruppen nach Vereinbarung, Tel. 06282/8188 (Pfister), 06282/67107 (Tourist Information)

Vom Parkplatz am Waldrand aus sind zwei je 5,5 Kilometer lange Strecken des **Limeslehrpfads** markiert. Schautafeln informieren z. B. über den Limes in Deutschland, andere Limeslinien im Römischen Reich und über die beiden Limestürme WP 7/35 und 7/33 mit rekonstruierten Fundamenten sowie den nur vermuteten WP 7/34. Nordwestlich der Straße liegt der WP 7/32; die Grundmauern des WP 7/31 „Steinernes Haus" sowie eines Nebengebäudes wurden ebenfalls restauriert. Im Verlauf des Wegs stehen mehrere Schutzhütten.

Vom **Kastell Walldürn** ist heute nichts mehr sichtbar. Das Gelände ist jedoch in der Flur „Altenburg" als archäologisches Reservat ausgewiesen. Bereits vor hundert Jahren wurden die Kastellmauern im Auftrag der Reichs-Limeskommission untersucht. Das Kastell war in Höhe eines Limesknicks angelegt worden; etwa 500 Meter östlich des Geländes verläßt die Grenzmauer ihre südöstliche Richtung und wendet sich nach Süden. Um das Kastell herum gab es auch ein Lagerdorf, allerdings

Am Limeslehrpfad in Walldürn

Kastellbad bei Walldürn

wurde nur der Bereich nordwestlich des Kastells ergraben. Dabei traten Bronzegefäße zutage, die wohl im 3. Jahrhundert verborgen wurden. Wenige Meter unterhalb – weiter nordwestlich – liegen die rekonstruierten Fundamente des **Kastellbads** nahe des Marsbaches. Auch dieses Bad wurde im Abstand von knapp hundert Jahren erneuert: Bei der Anlage des Limes in diesem Gebiet um die Mitte des 2. Jahrhunderts wurde ein kleineres Thermengebäude errichtet, ein größerer Neubau 232 erstellt. Dieses Datum ist einem der Fortuna geweihten Altar aus Sandstein entnommen, dessen Abguß bei den wiederhergestellten Grundmauern aufgestellt wurde. Die Altarinschrift verriet auch den unvollständigen Namen der Einheit, die hier stationiert war, ein *Numerus Brittonum Stu...* (eine Hilfstruppe aus Britannien). Einheiten dieser Volksgruppe hatten zuvor den weiter westlich gelegenen Odenwald-Limes geschützt; auch in Osterburken (siehe Kap. 5) stellten sie die Besatzung des Numeruskastells. An diesem neueren Bad wurden dann noch Reparaturen und verkleinernde Umbauten vorgenommen, bevor das Gebäude völlig einem Brand zum Opfer fiel. Bemerkenswert an der Anlage des Kastellbads ist die – besonders in der ältesten Bauphase ungewöhnlich große – aus Holz erbaute Umkleidehalle im Süden.

Funde aus dem Lagerdorf, dem Kastell und vom Limes bei Walldürn sind in der vor- und frühgeschichtlichen Abteilung des Stadt- und Wallfahrtsmuseums zu sehen. Walldürn ist weithin bekannt durch seine barock ausgestattete Wallfahrtskirche Heilig Blut.

4 KLEINKASTELL HÖNEHAUS UND WACHTTÜRME

Von der B 27 auf die Straße Walldürn–Hettingen–Osterburken abbiegen. 1 km nach Eintritt in den Wald tangiert der Limes die Straße;
rechter Hand liegt das rekonstruierte Fundament des WP 7/48. Nach
der nächsten Straßenkurve dem Hinweisschild „P Limeskastell Hönehaus", nach rechts Richtung Hettingen folgen und dann sofort in
den Parkplatz einfahren. Das Kastell liegt nördlich des Parkplatzes.
Überquert man die Straße nach Hettingen, gelangt man nach wenigen Metern zum WP 8/1 (Schutzhütte).

Bereits im Bereich des Parkplatzes sind Informationstafeln zur
Römerzeit angebracht. Ein kurzer Fußweg führt zum **Kleinkastell Hönehaus**. Es folgt mit 40 mal 46 Meter Seitenlänge und
zwei Toren dem Muster der übrigen Kleinkastelle an dieser Limesstrecke. Möglicherweise hatte es in einem Kleinkastell,
knapp 500 Meter nordwestlich in einer Kurve der Altheimer Straße gelegen, einen Vorgängerbau. Von diesem Gebäude sind
heute so gut wie keine Spuren mehr sichtbar. Kastell Hönehaus
auf der Anhöhe Rehberg gehörte zu den Hauptvermessungspunkten dieses in Nord-Süd-Richtung angelegten Limesabschnitts. Während der Konservierung der Umfassungsmauern
1967 fand sich auch eine Inschriftenstein, der den „glücklichen
Zufällen" gewidmet war – an anderen römischen Orten waren
Votivsteine auch den „Göttern des Zufalls" geweiht.
Die Reichs-Limeskommission unterteilte an der Straßengabelung die Limesstrecken: Beim Kleinkastell befand sich der heute
nicht sichtbare Wachtturm WP 7/49, jenseits der Straße begann
der neue Abschnitt mit **WP 8/1**. Dessen Grundmauern wurden
restauriert. Rund 600 Meter weiter am Limes stand der nächste
Wachtturm **WP 8/2**. Seine ursprünglichen Umfassungsmauern
waren noch etwa 80 Zentimeter hoch, als sie restauriert wurden.
Der Turm ist entweder auf dem im Zickzack verlaufenden Limeswanderweg (knapp 1 km) oder von der Straße Richtung Alt-
heim 50 Meter westlich der übernächsten Kurve zu erreichen
(ca. 1 km von der Abzweigung nach Hettingen entfernt).
Westlich der Straße Bofsheim–Osterburken, wo sie nach einem
scharfen Knick nach Osten wieder in südliche Richtung über-
geht, führt eine Forstraße in den Wald. Von ihr zweigt sofort

nach links der „Römerpfad" ab. Der bequeme Weg folgt etwa 500 Meter dem hier gut sichtbaren **Limeswall**. Auf einer leichten Anhöhe wurden die Fundamente des **WP 8/25** im „Barnholz" restauriert.

5 KASTELL UND MUSEUM IM RÖMISCHEN BAD OSTERBURKEN

Doppelkastell im Süden der Stadt Richtung Wemmershof (Wegweiser „Römisches Kastell" bzw. „Industriegebiet Süd/Kastell").
Museum in der Römerstraße (von der Bahnbrücke und vom Kastell aus mit „Römisches Bad" ausgeschildert) geöffnet von April bis Oktober mittwochs (nur bei Voranmeldung), samstags, sonntags und feiertags von 14.30–16.30, sonst für Gruppen nach Vereinbarung, Tel. 06291/40123 (Bürgermeisteramt), 06291/8258 (Dr. Weiß).

Der alte Stadtkern von Osterburken liegt im Kirnautal. Genau dort war eine **römische Siedlung** im Knotenpunkt mehrerer Straßen unterhalb eines am Hang erbauten, außergewöhnlichen Kastellbezirks. Auch **zwei Bäder**, das erste in der Ausbauphase des Limes errichtet, das zweite knapp 50 Jahre später, fanden sich hier. Für ein Bad war die Nähe des Wasserlaufes sicher sinnvoll; für die ersten Holzhäuser der Zivilsiedlung erwies sich die Lage im Überschwemmungsgebiet als unvorteilhaft. Als die Überflutungen auch mit einem durchdachten Entwässerungssystem nicht vermieden werden konnten, gab man diese um 160 errichteten Gebäude auf. Die in der feuchten Talaue erhalten gebliebenen Holzkonstruktionen gewähren einen einmaligen Einblick in die Bauweise der damaligen Zeit.
Das Gelände wurde danach zum **Weihebezirk der Benefiziarier**, aus verschiedenen Legionen abgeordnete Mitglieder einer Art Straßenpolizei. Auch diese über 200 Quadratmeter große Fläche wurde immer wieder vom Hochwasser heimgesucht, weshalb die späteren Weihesteine erhöht auf angeschwemmtem Boden stehen. Diese teils sehr kunstvoll verzierten, durchweg wohlerhaltenen Altarsteine waren in sieben Reihen angeordnet und überwiegend den wichtigsten römischen Göttern Jupiter, Juno, Mars, Fortuna gewidmet. Die ältesten Steine da-

*Osterburken: Grundmauern des Auxiliarkastells (oben),
Thermenanlage im Römermuseum*

tieren aus dem Jahr 174, die jüngsten im Weihebezirk aufge-
fundenen von 205. Von den Altarsteinen der folgenden sech-
sten und siebenten Reihe waren nur die Sockel am ursprünglichen Standort verblieben. Die dazugehörigen Steine aus den
Jahren 212 bis 238 fanden sich als Bausteine in der alten Ki-
lianskirche, als diese 1970 für einen modernen Neubau abge-
brochen wurde (nur der Turm aus dem 17. Jahrhundert blieb erhalten). Als Stifter der Weihesteine sind ausschließlich Benefiziarier genannt, die von der 3. Legion aus Regensburg, der 8.
Legion aus Straßburg sowie der 22. Legion aus Mainz hierher
abkommandiert waren. Die Inschriften sind alle auf einen Boh-
lenweg ausgerichtet, der zu einem Holztempel führte. Auch hier
blieben hölzerne Gebäudeteile mit Verputzresten sowie Altäre
hervorragend erhalten, ebenso ein vor dem Tempel gelegener
Brunnen. Der Weihebezirk enthielt auch noch einen weiteren,
kleineren Holztempel für die Göttin Candida, ein wenig verbrei-
teter Kult.

Die zahlreichen Funde aus diesem Gelände einschließlich einer
sogenannten Benefiziarier-Lanze – keine Waffe, sondern die
Standarte dieser Einheit – sind im **Römermuseum** zu sehen.
Es zeigt auch Relikte aus dem Lagerdorf sowie aus einem Gräberfeld. Es handelt sich dabei um den Militär- und Zivilfriedhof
mit über 1000 Brandbestattungen an einem nördlich der Kirnau
gelegenen Hang nahe des Limes. Vor allem dient das Muse-
umsgebäude als Überbauung der aufgedeckten und seit 1982
konservierten Grundmauern der jüngeren der beiden Thermen-
anlagen. Das ältere Bad lag unmittelbar nördlich davon im Bereich der späteren mittelalterlichen Stadtmauer und stammt aus
der Zeit der Limesverlegung Mitte des 2. Jahrhunderts. Das
neuere Bad war Ende des 2. Jahrhunderts als dreiapsidige Anlage konzipiert, verlor bei einer Umbaumaßnahme Anfang des
3. Jahrhunderts aber seinen südöstlichen Teil mit einer Apsis.

Als Kopie ist im Museum auch ein Mithrasrelief zu sehen, dessen Original im Badischen Landesmuseum in Karlsruhe ausgestellt ist. Das Kultbild wurde 1861 am Nordufer der Kirnau gefunden. Seit der Zeitenwende erfreute sich die Verehrung des
aus dem Orient stammende Sonnengottes Mithras als nur Män-

nern zugänglicher Mysterienkult bei Legionären großer Beliebtheit. Heiligtümer, von denen auch in Süddeutschland einige erhalten blieben, zeigten in der Regel an der Stirnseite des Tempelraums Mithras als Stiertöter. Unter Kaiser Valerian (253–260) wurde der Mithraskult kurzfristig römische Staatsreligion.

Hoch genug über der Talsohle, um vor Hochwasser geschützt zu sein, liegen südöstlich der Hagerstraße und am Aufstieg der heutigen Straße nach Wemmershof in einem Park die rekonstruierten Mauern des **Kohortenkastells**, dem sich das **Auxiliarkastell** oberhalb anschließt. Ein Informationspavillon zeigt auf großen Schautafeln die genaue Lage der beiden Kastelle. Die Hagerstraße durchschneidet das langrechteckige Kohortenkastell fast auf den Spuren der *via praetoria* und der *via decumana* als Verbindung zwischen den beiden gegenüberliegenden Lagertoren. Der nordwestliche Teil des Kastellgeländes ist überbaut. Die restaurierte südöstliche Mauer bildet gleichzeitig die Trennmauer zum Numeruskastell. Das zunächst bestehende rechte Lagertor des Kohortenkastells wurde bei der Anlage des Grabens um das Numeruskastell zugemauert. Breitete sich das über zwei Hektar große Kohortenkastell noch einigermaßen eben aus, so liegt die Südmauer des Numeruskastells 22 Meter höher als die genannte Trennmauer. Es hat außerdem keinen rechteckigen Grundriß, sondern ist annähernd trapezförmig mit zwei abgerundeten Ecken im Süden. Aufgrund dieser Lage hat dieses Kastell eine Fläche von immerhin 1,3 Hektar.

Bauinschriften legen nahe, daß die gleichen Besatzungen, die sich bereits in Neckarburken an der Odenwaldlinie ihre Aufgabe geteilt hatten, auch hier in Osterburken gemeinsam stationiert waren: Die dritte (teilweise) berittene aquitanische Kohorte seit Mitte des 2. Jahrhunderts, ein *Numerus Brittonum Elantiensium* im unter Kaiser Comodus erfolgten „Anbau". Bereits Ende des 19. Jahrhunderts wurde die Innenbebauung des Kohortenkastells untersucht. Dabei fanden sich Mauern, die wohl zu einem *horreum* (Speichergebäude) gehören, denn in diesem Bereich fanden sich größere Mengen verkohlten Getreides. Auch Brandschutt von Fachwerkbauten wurde aufgedeckt. Das legt den Schluß nahe, daß auch dieses Kastell kriegerischen Ereignissen um das Jahr 260 zum Opfer gefallen sein könnte, zumal im Kastellgraben auch Teile menschlicher Skelette gefunden wurden.

Sehenswert sind in Osterburken die moderne katholische St.-Kilians-Kirche und die romanische Kirche St. Mauritius im Ortsteil Hemsbach (2 km westlich) sowie das Naturkundlich-Paläontologische Museum im Ganztagsgymnasium Osterburken, geöffnet außer in Schulferien montags bis freitags von 8.15 bis 16.20 Uhr.

6 „FREILICHTMUSEUM RÖMERBAD" IN JAGSTHAUSEN

Nahe des Rathauses in der Ortsmitte (Wegweiser)
Museum in der Götzenburg mit römischen Funden, geöffnet von Mai bis Oktober täglich von 10 bis 11.30 Uhr und von 13.30 bis 17 Uhr.

Als nahe der Ortsmitte von Jagsthausen ein Grundstück bebaut werden sollte und dabei römische Funde zutage traten, geschah etwas, das in ähnlichen Fällen leider meist unterbleibt: Wirtschaftliche Interessen wurden hintangestellt, das Grundstück erworben und später mit Spenden von Bürgerschaft, Geldinstituten und Wirtschaftsunternehmen zu einem kleinen archäologischen Park ausgestaltet. 1992 begann die archäologische Untersuchung des **Kastellbades**. Nach deren Abschluß wurde die Ausgrabung wieder verfüllt, damit der Gesamtbefund erhalten bleibt. Um die einstigen Gebäude anschaulich zu machen, wurden Mauerfundamente aufgeführt, soweit die aufgedeckten Reste ihren Verlauf bestätigen. Im Badbereich sind Nachbildungen von Weihesteinen und Statuen aufgestellt; Informationstafeln, Sitzgruppen und Bepflanzung vervollständigen die vorbildliche Anlage.

Die Originale sind fast alle im Museum in der Götzenburg zu besichtigen. Darunter befinden sich auch die älteste sowie die beiden spätesten Inschriften an dieser Limesstrecke: Im Stabsgebäude des Kastells wiesen Reste einer Bauinschrift auf die Zeit von Antoninus Pius (138–161) hin. Eine Bauinschrift aus dem Bad bezieht sich auf die Regierungszeit der Kaiser Philippus I. und II. (244–247). Die Namen wurden wie häufig üblich nach deren Tod entfernt, so daß die Inschrift von 249 datiert. Ein Jahr zuvor wurde der Göttin Fortuna ein Stein geweiht.

Das Bad gehörte im 2. und 3. Jahrhundert zu einem **Kastell**, das sich auf knapp 3 Hektar Fläche zwischen der heutigen Götzenburg und der Ortsmitte ausbreitete. Das südliche Tor der Anlage liegt genau unter der Hauptstraße. Die Kastellbesatzung war die *Cohors I Germanorum*; sie sicherte den Übergang des Limes über das Jagsttal. Über dem nördlichen Steilufer endet übrigens die Strecke 8 mit dem WP 8/58; der erste Turm der Strecke 9 wird am Südufer der Jagst vermutet.

Von der Ortsmitte aus zu erreichen ist auch die Römerbrunnenstraße. Hier dokumentiert eine Schautafel unter dem Titel „Wohnen und Leben im Römerdorf" die Ausgrabungen in der **Lagersiedlung** 1987/88. Auffallend war dabei eine Töpferwerkstatt, die über den örtlichen Bedarf hinaus produziert haben muß. Dies sowie der Fund von Gefäßformen, die im freien Germanien ihren Ursprung haben dürften, weisen auf Handelsbeziehungen auch über den Limes hinaus hin. Die Straße schmückt eine Nachbildung eines römischen Brunnens. Ihn hatten die mittelalterlichen Bewohner der Nachfolgesiedlung freigeräumt und erneut genutzt.

Freilichtmuseum Kastellbad Jagsthausen

Das Museum in der Götzenburg, das auch viele römische Funde aus Bad, *vicus* (s. oben) sowie einem römischen Gräberfeld zeigt, ist ebenfalls einen Besuch wert.

An der Straße Jagsthausen–Sindringen–Öhringen liegt südlich von Pfahlbach ein sehr sehenswerter Limesabschnitt in der Gemarkung **Pfahldöbel.** Vom Parkplatz an der Abzweigung nach Friedrichsruhe kann man für rund 300 Meter nach Süden auf dem Limes gehen. Ende des 19. Jahrhunderts ergab eine Untersuchung der Reichs-Limeskommission einen an der Basis neun Meter breiten Erdwall mit einem acht Meter breiten vorgelagerten Graben. Die Differenz von Grabensohle zur Wallkrone betrug fast fünf Meter. Direkt am Parkplatz kann man die Reste des **Wachtturmes WP 9/23** sehen. Er lag, umgeben von einem eigenen Graben, unmittelbar auf dem wohl später entstandenen Limeswall. Möglicherweise zählte er wegen seiner aussichtsreichen Lage zu den Hauptvermessungspunkten dieser Limeslinie.

7 SKULPTURENPARK UND WACHTTURMFUNDAMENT IN ÖHRINGEN

Skulpturenpark: Im Westen der Stadt, nördlich der Bahnlinie am Kreiskrankenhaus (Wegweiser), P Kastellstraße; Wachtturmfundament beim Wasserturm (P) im Nordosten oberhalb eines Neubaugebiets.

Weygang-Museum, Karlsvorstadt 30 (östlich des Stadtkerns Richtung Cappel), mit einigen römischen Funden, geöffnet dienstags bis freitags von 10 bis 12 und 14 bis 16 Uhr, Tel. 07941/35394

Öhringen ist der einzige Ort am obergermanischen Limes zwischen Main und Rems, dessen antiker Name überliefert ist: *Vicus Aurelianus* nach dem römischen Kaiser Marcus Aurelius (161–180). Damals erstreckte sich eine **Lagersiedlung** zwischen zwei Kastellen, die im Nordwesten und im Südosten des mittelalterlichen Stadtkerns lagen. Von ihnen und den dazugehörigen Bädern blieben ebenso wie von der wahrscheinlich bedeutendsten Siedlung an diesem südlichen Abschnitt des obergermanischen Limes keine sichtbaren Spuren; Ausgrabungen begannen bereits im 18. Jahrhundert, vieles wurde während des

Bahnbaus ab 1861 aufgedeckt; Untersuchungen des Landesdenkmalamtes erfolgten ab 1980.

Der Innenraum des westlich gelegenen Kastells, **Bürgkastell**
genannt, ist vom Kreiskrankenhaus überbaut. Auch der Vorgängerbau, das 1911 errichtete Bezirkskrankenhaus, lag im Ka-
stellbezirk. Vor dem Eingang des heutigen Krankenhauses zeigt
ein **Skulpturenpark** Duplikate römischer Funde. Bei den Bauarbeiten 1911 fanden sich eine Säule, ein Weihestein für eine
Quellnymphe mit Bauinschrift (von 187) anläßlich der Fertigstel-
lung der Wasserleitung für das Bürgkastell, ein weiterer Weihestein (von 241) anläßlich des Baus der 1772 Meter langen Wasserleitung für Kommandantenwohnung und Bad, ein römischer
Ziehbrunnen – er wurde bereits 1912/13 nachgebaut – und in
diesem Brunnen ein Altar für Nymphen. Eine Minervastatue
wurde beim Bahnbau entdeckt, ein Nymphenrelief stammt aus
dem nahen Bretzfeld.

Auch in der Eingangshalle des Krankenhauses wird auf die römische Vergangenheit Bezug genommen: Zwei kleine Vitrinen,
Medicus curat und *Natura sanat,* illustrieren die römische Heil-
kunst, ein Lageplan erläutert das einstige Bürgkastell.

Dieses Kastell entstand in drei Bauphasen. In der frühesten
handelte es sich um ein Holz-Erde-Kastell, das vermutlich noch
vor der Verlegung des Limes nach Osten als Vorposten im frei-
en Germanien bestand. Die folgenden beiden Kastelle waren
mit Steinmauern umgeben, zunächst einen Meter, dann eineinhalb Meter dick, die eine Fläche von gut einem Hektar umschlossen. Auch hier scheint die Besatzung mit den Kastellen
weiter nach Osten gewandert zu sein: Im Kastell Heilbronn-
Böckingen an der Neckarlinie war bis mindestens 148 noch die
Cohors I Helvetiorum stationiert, die dann durch Ziegelstempel
für das auf gleicher Höhe gelegene neuen Limeskastell Öhringen nachgewiesen ist. Spätere Inschriften von der Mitte des 3.
Jahrhunderts weisen auf eine *Cohors I septimia Belgarum* hin.
150 Meter südlich des Kastells – im heutigen Bereich der Bahn
und einer Sporthalle – fand man bereits um 1770 ein großes
Badegebäude. Wie überall, war es auch hier gesellschaftlicher

*Öhringen: Skulpturenpark beim Krankenhaus (oben),
römische Abteilung im Weygang-Museum*

Treffpunkt; so fanden sich zwei Inschriftenstein, die ein *collegium iuventutis* und ein *collegium convenarium* überliefern.

Die gleiche Größe wie das Bürgkastell hatte auch das östlich gelegene sogenannte **Rendelkastell**. Hier waren die zwei Bauphasen nicht so grundlegend verschieden: In beiden Fällen handelte es sich um eine Steinmauer; die jüngere wurde lediglich eineinhalb Meter außerhalb der älteren Ummauerung errichtet, und die Tore und Ecken wurden durch Türme verstärkt. Von der *porta praetoria* dieses Kastells waren es nur rund 250 Meter bis zum Limes. Neben den beiden oben genannten römischen Einheiten waren im Rendelkastell wahrscheinlich weitere Hilfstruppen aus Britannien stationiert.

Das Gelände auch dieses Kastells ist vollkommen überbaut; es wird in etwa begrenzt von der Rendelstraße im Westen, der Eythstraße im Norden und der Haller Straße im Osten. An der Einmündung der Rendel- in die Haller Straße steht die Nachbildung des sogenannten „Rendelsteins", eines gotischen Bildstocks auf einem römischen Säulenstumpf. Einige der Funde aus dem römischen Öhringen sind teils im Weygang-Museum, teils in Neuenstein ausgestellt, die meisten jedoch im Württembergischen Landesmuseum in Stuttgart.

Vermutlich war der Wohlstand des *Vicus Aurelianus* auf den Warenaustausch mit den Völkern im freien Germanien begründet, vor allem dem Handel mit Salz. Der war bereits in vorrömischer Zeit im Schwange. Die Altstraße vom nächsten Siedeort her, dem heutigen Schwäbisch Hall, tangiert Öhringen auf der Anhöhe im Norden. Am dortigen Wasserturm führt ein Stück der Alten Salzstraße vorbei. Geht man auf diesem Weg nach Westen, gelangt man zu den restaurierten Fundamente des **Limeswachtturmes WP 9/33**. Sein Standort bietet einen herrlichen Weitblick nach Norden bis zum „Pfahldöbel" (siehe oben). Nach Süden führt auf dem ehemaligen Limes der „Limesweg" als Fußweg in die Stadt hinunter.

In Öhringen sind sehenswert das Weygangmuseum in der Karlsvorstadt 30, der Stadtkern mit vielen Renaissancehäusern, das Hohenlohisches Residenzschloß aus der gleichen Epoche, die evangelische Stiftskirche mit Krypta, erhaltene Teile der

Stadtbefestigung, die Altstadt um das Spital, Bauten der Fürsten von Hohenlohe-Öhringen; Motormuseum, Meeresmuseum; Neuenstein mit einem Museum im Renaissanceschloß liegt fünf Kilometer östlich von Öhringen.

Fährt man von Öhringen nach Mainhardt über Pfedelbach–Heuberg–Untergleichen, kann man zwei gut erhaltene Limesabschnitte mit Wachttürmen besuchen. **WP 9/51** und das **Limesstück bei Untergleichen**: Am östlichen Ortsrand von Untergleichen befindet sich am Waldrand ein Parkplatz neben einem Spielplatz mit hölzernem „Römerturm". Der Forststraße (Markierung Rotpunkt) folgt man nach Nordosten und gelangt nach etwa einem Kilometer zum Turmstumpf-Nachbau des sechseckigen WP 9/51. Unmittelbar dahinter zieht ein gut erkennbares Limesstück nach Norden. Der Wachtturm lag dort, wo der Limes für rund eineinhalb Kilometer Luftlinie seine gerade Richtung verläßt, um das tief eingeschnittene Tal „Gießklinge" zu umgehen. Zuerst macht er einen leichten Knick nach Südwesten, zwei Türme weiter einen nach Südosten und schwenkt schließlich beim (nicht mehr sichtbaren) Turm 9/55 wieder in die schnurgerade Linienführung ein. Der Sechseck-Turm ist der einzige bisher in dieser Form aufgefundene am Limes. Seine einen Meter dicken Mauern lassen eine besondere Höhe vermuten. Sicherlich diente er als einer der wichtigsten Vermessungspunkte auf der Strecke zwischen dem Kleinkastell Hönehaus (siehe Kap. 4) und dem WP 9/62 auf einer Anhöhe nördlich von Geißelhardt.

Weiter auf der Straße Richtung Mainhardt biegt man an der Straßengabelung nördlich von Geißelhardt nach Südwesten ab (Gailsbach). Von hier aus ist die **Rekonstruktion eines hölzernen Limeswachtturmes** von weitem sichtbar. Er wurde neben dem einstigen Turm WP 9/64 errichtet; der Limes in diesem Bereich ist gut erkennbar. Die Holzkonstruktion ist in sofern etwas irreführend, da am südlichen obergermanischen Limes ausschließlich steinerne Türme nachgewiesen wurden.

8 KOHORTENKASTELL MAINHARDT

Von der Ortsmitte auf der Hauptstraße fahren, nach Westen in die Gartenstraße einbiegen (zur Murrhardter-Wald-Halle). Zwischen Schule und Kindergarten sind die Grundmauern der Südwestecke des Kohortenkastells restauriert.

Rund 300 Meter westlich des Limes lag das Kastell Mainhardt, fast genau in Ost-West-Richtung. Nach Untersuchungen 1847 und um die Jahrhundertwende durch die Reichs-Limeskommission wurde der Bereich der Südwestecke 1978 konserviert. Damals war das Mauerstück teilweise noch bis zu 1,40 Meter hoch erhalten. Bemerkenswert ist die saubere Mauertechnik und das Fischgrätmuster (*opus spicatum*), am Fundament des Eckturmes. Die Innenseite der Mauer war mit einem 5,5 Meter breiten Erdwall verstärkt. Auch dieses Kastell war knapp zweieinhalb Hektar groß, die Besatzung kam aus dem aufgegebenen Lager in Walheim an der Neckarlinie. Diese teilweise berittene Einheit *Cohors I Asturum* verließ Obergermanien zu Beginn des 3. Jahrhunderts, als sie nach Britannien verlegt wurde. Welche Einheit anschließend dieses Kastell besetzte, ist unbekannt. Im Süden und Norden des westlichen Kastellbereiches gab es eine kleinere Zivilsiedlung. Bei Hausbauten fanden sich hier Weihesteine und Reliefs von Muttergottheiten sowie das Relief der keltischen Göttin Epona und ein von einem Benefiziarier gestifteter Weihestein von 181.

Auch in Mainhardt hat es ein Kleinkastell gegeben; es war bis 1975 unbekannt und befand sich in unmittelbarer Nähe des Limes. Mit einer fast quadratischen Fläche von rund einem halben Hektar entsprach es dem Bauplan der übrigen Kleinkastelle in diesem Bereich, hatte jedoch vermutlich nur ein einziges Tor. Von der Anlage ist nichts sichtbar.

Römische Funde sind im **Museum** in der ehemaligen katholischen Kirche ausgestellt, das allerdings keine festen Öffnungszeiten hat (Schlüssel gegenüber im Textilhaus Pasler, Anfragen Rathaus Mainhardt, Tel. 07903/91500).

Der Luftkurort Mainhardt verfügt über ein Mineral-Freibad; sehenswert sind das Turmuhrenmuseum und das Pahl-Museum, ein Kunstmuseum im Ortsteil Gaisbach (3 km nördlich).

Südlich von Mainhardt erstrecken sich einige sehr gut erhaltene Limesabschnitte, manche auch mit Resten von Wachttürmen. Einige dieser Strecken sind nur auf längeren Wanderungen zu erreichen. Die folgenden zwei Spaziergänge sind dagegen leicht von Parkplätzen aus zu unternehmen. Dazu fährt man von Mainhardt nach Murrhardt über Rosersmühle–Grab–Trauzenbach–Siegelsberg, biegt also von der B 14 nach Süden ab.

Limesstück im Mönchwald (Buchwald) mit **Turm WP 9/72**: Unmittelbar südlich des Ortsausgangs beim Waspenhof liegt ein Wanderparkplatz mit Wanderwegetafel. Auf der gegenüberliegenden Straßenseite verlaufen die Wege 3 und 5 nach Osten und treffen nach rund 500 Meter auf den Waldrand. Hier bieten sich zwei reizvolle Rundwege an: Von der Forststraße mit 3 nach links abbiegen. Wo der Limeswanderweg kreuzt, erhebt sich der große Schutthügel von WP 9/72. Man folgt den eindrucksvollen Limesresten nebst Graben nach Süden und biegt entweder bei der nächsten Kreuzung nach Westen ein oder geht noch etwa 300 Meter weiter zur Forststraße und mit ihr nach Westen zurück zum Waldrand.

Wachtturmfundamente von WP 9/75 bei Mönchsberg: Von der Straße Mainhardt–Grab links abbiegen, in Mönchsberg vor der Geschäftsstelle des Naturparks Schwäbisch-Fränkischer Wald wiederum scharf nach links wenden und bis zum Parkplatz an der Straße zum Württemberger Hof fahren. Von hier aus folgt man dem Rotbergweg und dem Limeswanderweg, nahe des Kümmelsbaches (Informationstafel an der Bachbrücke) dann dem Wegweiser nach links bergauf. An einem steileren Pfad liegen die restaurierten Grundmauern von WP 9/75. Der Trampelpfad steigt weiter bergauf und trifft dann auf eine Forststraße, an der man sich nach links wendet und zum Parkplatz zurückkommt.

9 REKONSTRUIERTER STEINTURM, LIMES, VALLUM UND PALISADE BEI GRAB

Am südlichen Ortsrand von Grab nicht die Straße nach Trauzenbach, sondern den geraden Weg nach Süden nehmen. Am Waldrand befindet sich ein Parkplatz. Entweder mit dem Limeswanderweg oder auf der Forststraße etwa 300 Meter nach Süden.

Der Wachtturm auf dem „Heidenbuckel" auf 536 Meter ü. NN zählt neben den WP 9/116 (siehe Kap. 10 a) und dem WP 9/118 zu den höchstgelegenen Türmen im südlichen Teil des obergermanischen Limes. Aus diesem Grund ist hier auch einer der Hauptvermessungspunkte anzunehmen. Die Rekonstruktion an dieser Stelle wurde sorgfältig wissenschaftlich begleitet. So dienten die vorgefundenen Abmessungen von **Wall** und **Graben** als Grundlage zu deren Nachbildung. Auch eine **Palisadenwand** als äußeres Annäherungshindernis wurde hinzugefügt. Der Wanderweg vom Parkplatz her verläuft ein Stück auf dem eindrucksvoll den Hang aufwärts ziehenden Limeswall. Die Ruine des Steinturms wurde bereits 1892 von der Reichs-Limeskommission vermessen. 3,9 Meter beträgt die Seitenlänge des quadratischen Bauwerks, dessen originaler Zugang sich im ersten Stockwerk befand. Im übrigen Aussehen gleicht der **Steinturm-Nachbau** denen am Rätischen Limes (siehe Kap. 27) und wurde wie diese den antiken Abbildungen an der Traianssäule in Rom nachempfunden.

Eine kleine Wanderung erfordert das Aufsuchen des **Wachtturmes WP 9/91**. Im nördlich von Murrhardt gelegenen Siegelsberg fährt man zum nordwestlichen Ortsrand. Zu Fuß folgt man einer Forststraße, die in weiten Serpentinen den bewaldeten Hang hinaufzieht. Der Limeswanderweg verläßt streckenweise die Straße. Bei einer Kurve nach Nordwesten geht es nach links ab. Nach wenigen Metern sind die auf einer Höhe von rund vier Metern rekonstruierten Grundmauern des WP 9/91 in der Gemarkung Römerschanze erreicht.

Wer einen kurzen, steilen Aufstieg nicht scheut, kann den Hang zum **WP 9/96** hinaufsteigen. Die Zufahrt erfolgt über die Kreuzung nördlich von Murrhardt auf der Straße Richtung Karns-

Rekonstruierter Steinturm Grab

berg; kurz vor dem westlichen Waldrand zweigt ein Sträßchen nach Süden ab. Von hier aus geht es zu Fuß zu dem Wachtturm, dessen eine Ecke bis auf sechs Meter Höhe rekonstruiert wurde. Bei Untersuchungen hier auf dem „Heidenbühl" fanden sich in einem Abstand von nur einem halben Meter die Reste zweier Wachtturmfundamente. Offenbar wurde der erste Turm Opfer eines Brandes, danach erbauten die Römer den zweiten Turm näher zum Limes hin mit den noch brauchbaren Steinen des ersten. Rekonstruiert wurde der ältere, westliche Turm; vom neueren sind die Fundamente restauriert.

10 FUNDE AUS DEM KASTELL MURRHARDT UND WACHTTÜRME

Vom Kastell Murrhardt sind keine Reste sichtbar. Funde aus dem Kastell und der römischen Siedlung sind im **Carl-Schweizer-Museum** (Ecke Friedensstraße/Seegasse) untergebracht, geöffnet von Karfreitag bis zum 31. Oktober werktags von 11 bis 12 und 16 bis 17 Uhr, samstags 11 bis 12 und 15 bis 17 Uhr sowie sonn- und feiertags von 10 bis 12 und 14 bis 17 Uhr (Tel. 07192/5402).

Wachtturmfundamente auf dem Linderst über die Almsiedlung oder über die Straße Murrhardt-Karnsberg zu erreichen

Das **Kastell** Murrhardt lag am leicht zur Murr hin geneigten Hang oberhalb des jetzigen Stadtkerns. Hier befand sich auch ein Teil der römischen Zivilsiedlung; ein weiterer lag südöstlich der *porta decumana*, des hinteren Lagertors, zu beiden Seiten der heutigen Friedensstraße. Die Riesbergstraße durchschneidet das Kastellgelände auf der Trasse der einstigen *via principalis*. Auch an diesem Kastell zeigten sich die einzelnen Bauphasen: Zunächst kurz nach dem Jahr 150 als Holz-Erde-Kastell errichtet, wurde es wenig später mit einer eineinhalb Meter dicken Steinmauer umfaßt. Diese Mauer mußte dann einmal ausgebessert werden, möglicherweise gleichzeitig mit einer Erneuerung der Innenbebauung. Sie erfolgte zwischen 170 und 190 offenbar nach einem Brand, der zumindest im westlichen Kastellbereich die bestehenden Gebäude vernichtet hatte. Ein Brunnen wurde auf die Entstehungszeit um 160 datiert. Die jüngste im Kastell aufgefundene Münze stammt aus dem Jahr 248. Eine Bauinschrift nennt die 24. Kohorte freiwilliger römischer Bürger als hier stationierte Truppe. Vom Limes ist das Kastell mit den üblichen mehr als zwei Hektar Innenfläche etwa 1200 Meter entfernt.

Abgüsse einer Reliefdarstellung von Romulus und Remus mit der Wölfin und von Inschriftensteinen sowie eine Vielzahl anderer römischer Funde beherbergt das **Carl-Schweizer-Museum** am Feuersee in seiner neu geordneten römischen Abteilung. Hier sind auch ein Bronzeschwert mit Adlergriff (Teil einer Statue) sowie Funde aus den Wachttürmen nördlich und südlich von Murrhardt ausgestellt.

Teilweise rekonstruierter Wachtposten auf dem „Heidenbühl" >

Auf dem „Linderst" nördlich der Murr kommt es zu einer gänzlich ungewöhnlichen Ansammlung von **Limestürmen**. Zwischen dem WP 9/96 (siehe Kap. 8) und dem 400 Meter Luftlinie weiter südlich errichteten WP 9/97, der keine Spuren hinterließ, liegt ein steiler Aufstieg. Dann jedoch folgen nach knapp 100 Metern auf etwa gleicher Höhe (450 m ü. NN) zwei nur rund 80 Meter voneinander entfernte Türme, **WP 9/98 und 9/99**. Während der Turm 9/98, dessen quadratisches Fundament mit 3,75 Metern Seitenlänge restauriert ist, offenbar eine ganz normale Bauform aufwies, steht der Turm 9/99 bereits am Steilhang über der Murr. Seine Seitenlängen von sechs und 6,5 Metern Länge lassen auf eine Höhe von rund 12 Metern schließen. Deshalb waren die Fundamente auch tief auf das anstehende Gestein gegründet. Die Reste beider Türme kann man im Umfeld der Lindersthütte besichtigen. Dazu folgt man entweder dem hier steil ansteigenden Limes-Wanderweg im Murrhardter Stadtteil Almsiedlung (z. B. ab der Gaststätte Alm) auf die Anhöhe hinauf, oder man fährt auf der Straße nach Karnsberg (siehe Kap. 8) noch ein Stück weiter bis zur Abzweigung zum Wanderparkplatz Lindersthütte und steigt von dort 600 Meter auf einer gesperrten Forststraße empor. Nach insgesamt 800 Metern ist dann die Lindersthütte erreicht. In der Ostecke des umfriedeten Areals liegt der WP 9/99. Die aufgemauerten Fundamente von WP 9/98 sollen wieder freigelegt werden.

In Murrhardt sind weiterhin sehenswert die staufische Walterichskapelle und die historische Innenstadt (Stadtlehrpfad), eine Städtische Kunstsammlung sowie das Informationszentrum des Naturparks Schwäbisch-Fränkischer Wald am Marktplatz (geöffnet montags bis freitags 8 bis 12.30, montags und donnerstags auch 14 bis 18 Uhr sowie dienstags und freitags 14 bis 16.30 Uhr). Südöstlich der Stadt leitet ein Waldlehrpfad hinauf zum „Felsenmeer".

An der Straße von Murrhardt über Köchersberg nach Käsbach kann man noch einmal ein restauriertes Wachtturmfundament direkt an der Straße betrachten. Der Limes, der die Straße bereits am Aufstieg nach Köchersbach gekreuzt hat (mit WP 9/102 oberhalb des Hangwaldes), quert sie erneut zwischen Köchersberg und Käsbach am östlichen Waldrand. Am konservierten Fundament des Limesturmes WP 9/104 befindet sich ein kleiner Parkplatz. Hier im „Heidenwald" verläuft auch ein wohlerhaltenes Limesstück, doch ist der weiter Limesverlauf unwegsam.

10 a LIMESTURM UND KLEINKASTELL EBNISEE

An der Kreuzung (Kreisel) der Straßen Murrhardt–Welzheim und Kaisersbach–Ebni; Parkplatz

Nähert man sich dem Kreisel von Norden, fällt bereits rund 400 Meter vor der Kreuzung das rekonstruierte Fundament des Turmes **WP 9/116** auf. Er ist auch auf einem kurzen Spaziergang auf dem Limes vom Parkplatz aus zu erreichen. Am Kreisel biegt man Richtung Ebni ab und sofort nach rechts in den Parkplatz. In diesem Bereich hat sich der Limes als beeindruckender **Wall mit begleitendem Graben** erhalten. Untersuchungen am WP 9/116 ergaben Aufschlußreiches: Der Turm hatte ein quadratisches Fundament von sechs Metern Seitenlänge, dürfte also zu den größten Türmen dieses südlichen Limesabschnitts gezählt haben. Auf einer Höhe von 561 Metern ü. NN war er der höchstgelegene an dieser Strecke und so einer der Hauptvermessungspunkte zwischen dem Kleinkastell Hönehaus südlich von Walldürn (siehe Kap. 4) und dem Haghof. Dort knickt die schnurgerade Südsüdost-Richtung des Limes für ein kurzes Stück scharf in östliche Richtung ab. Der WP 9/116 hatte zwei Bauphasen, in denen der umlaufende Graben vertieft und Wälle auf der Innenseite verstärkt wurden. Nachdem er in der ersten Hälfte des 3. Jahrhunderts zerstört worden war, wurde der Turm nur notdürftig wiederaufgebaut.

Unmittelbar südlich des Parkplatzes liegen die als Schuttwälle verbliebenen Steinmauern des **Kleinkastells Ebnisee**. Eine Informationstafel weist auf das einstige Bauwerk hin. Das rund einen halben Hektar große Kastell hat den gleichen Grundriß wie das Kastell Rötelsee (siehe Kap. 11) und besaß nur ein einziges Tor mit eingezogenen Wangen.

Der Limes verläuft von hier aus noch für rund 500 Meter gut sichtbar weiter durch den Wald bis zur „Königseiche" (P) mit dem Turm WP 9/118, der auf über 550 Meter ü. NN noch zu den höchstgelegenen Limestürmen zählt.

Lohnend ist auch ein Abstecher zum beliebten Auslugsziel Ebnisee (ca. 1,5 km). Der See mit einer Wasserfläche von 10 Hektar wurde Mitte des 18. Jahrhunderts künstlich angelegt.

11 KLEINKASTELL RÖTELSEE, WEST- UND OSTKASTELL IN WELZHEIM SOWIE „GÖCKELERTURM"

Kleinkastell Rötelsee: nördlich von Welzheim gegenüber einem Sportplatz (P); Westkastell nicht sichtbar; **Ostkastell** von der Ortsmitte Richtung Gschwend, Wegweiser „Schul- und Sportzentrum, Kastell". **Göckelerturm** vom südlichen Ortsbereich Welzheims über Sportanlagen zu erreichen.

Städtischen Museum, Pfarrstraße, mit römischen Funden, geöffnet sonntags 14 bis 17 Uhr sowie auf Anfrage (Tel. Verkehrsamt 07182/ 800815).

Vom nicht mehr sichtbaren WP 9/120 südlich der Königseiche verläuft die Straße bis Welzheim schnurgerade parallel zum Limes. Kurz vor dem nördlichen Ortsrand liegt westlich der Straße ein Sportplatz mit Parkmöglichkeit. Auf der anderen Straßenseite führt ein kurzer Stichweg zur Flurbereinigungsstraße, die hier den Limes markiert. Mit dem Limeswanderweg geht es wieder einige Meter nach Norden zum **Kleinkastell Rötelsee**. Es ist das Musterbeispiel für Kleinkastelle mit nur einem Tor am südlichen Abschnitt des obergermanischen Limes. Um den Grundriß zu verdeutlichen, wurden die Fundamente der Umfassungsmauern rekonstruiert, der umgebende Graben wieder angelegt und die Innenbebauung mit Plattenbelag angedeutet. Das Tor mit eingezogenen Torwangen öffnet sich nach Osten zum unmittelbar benachbarten Limes. Die Außenmauer umgab eine Fläche von nur 340 Quadratmetern und war einen Meter breit. Mit allen anderen Kastellen hatte dieses Kleinkastell die abgerundeten Ecken gemein; auf der vermutlich nicht allzu hohen Mauer saß ein hölzerner Wehrgang auf. Das Innere bot nicht viel Platz für Freiflächen: Auf drei Seiten zogen sich die Mannschaftsunterkünfte entlang. Der verbleibende Hofraum zwischen Tor und Gebäude – nach dem Muster der Portikusvillen mit einem überdachten Gang an ihrer Vorderseite – war gepflastert, etwa in der Mitte des Kastells fand man eine Herdstelle. Verwunderlich ist, daß das Kleinkastell so nahe an zwei anderen Kastellen errichtet wurde. Es entstand wahrscheinlich gegen Ende des 2. Jahrhunderts und blieb bis zum Fall des Limes belegt.

Vom **Westkastell** in Welzheim (heute zwischen Bahnhof und Schloßgartenstraße) blieben keine oberirdisch sichtbaren Spuren erhalten. Mit einer umwallten Fläche von 4,3 Hektar zählte es zu den größten an diesem Teil des obergermanischen Limes und beherbergte eine Reitereinheit (*ala*). Zu diesem Kastell gehörte ein **Badegebäude**, das knapp 150 Meter leicht hangabwärts südöstlich der *porta praetoria* lag.

Das **Ostkastell** präsentiert sich heute am Ostende der Rienharzer Straße mit seinem restaurierten Westtor und einer anschließenden Kastellmauer zwischen dem West- und dem Südtor. Das Kastellgelände wurde als **archäologischer Park** gestaltet. Seine Lage, gut 500 Meter Luftlinie vom Westkastell entfernt, gibt Rätsel auf: Wäre der Limes auch in diesem Bereich weiter schnurgerade verlaufen, hätte das Kastell östlich außerhalb des Limes gelegen. Für eine vernünftigerweise anzunehmenden leichten Knick unter Einschluß des Kastells fehlen bislang stichhaltige Funde. Auch die Form des Kastells birgt Besonderheiten: Zwischen der Nordwest- und die Südostecke besteht ein Höhenunterschied von rund 10 Metern. Die Ostmauer stößt auch nicht im rechten Winkel auf die Südmauer, sondern in einem spitzeren Winkel, so daß die Grundfläche von 1,6 Hektar trapezförmig ist. Die Kastellmauer war von zwei Gräben umgeben und innen mit einem hölzernen Wehrgang versehen. Mauern und Türme wurden mehrfach umgebaut bzw. repariert, was wahrscheinlich mit dem abrutschenden Untergrund zusammenhängt.

Als Fundgruben erwiesen sich drei der vier Brunnen, die in der Südwestecke bzw. nahe des Westtors entdeckt wurden. Die

verfüllten Schächte bargen allerhand „Abfall", der zu aufschluß-
reichen Erkenntnissen über Schuhmode, verzehrte Pflanzen
oder Holzwerkzeugen verhalf. So fanden sich zum Beispiel in
Brunnen 1 neben Keramikresten über 100 Lederschuhe in den
verschiedensten Formen und Reste einheimischer Obstsorten
sowie von importierten Feigen, im älteren Brunnen 2 neben
Holzgeräten Teile einer Gesichtsmaske aus Eisenblech und ein
Kupfereimer. Einer der Brunnen wurde in der Südwestecke rekonstruiert. Sichtbar gemacht sind auch die Grundrisse eines
Speichergebäudes beim Westtor sowie eines Bades im Südosten. Das normalerweise die Mitte der Kastellfläche beherr-
schende Stabsgebäude konnte noch nicht lokalisiert werden.
Allerdings zeigte sich im Kastellinneren eine Brandschicht. Sie
ist auf den gleichen Zeitraum – um 170 – wie beim Kastell Murrhardt zu datieren (siehe Kap. 10). Keramikfunde lassen darauf
schließen, daß das Ostkastell das ältere der beiden Welzheimer
Kastelle ist, angelegt möglicherweise bereits vor dem Jahr 150.
Hier stationiert waren zwei kleinere Einheiten britischer Hilfstruppen, die wohl als Wachtmannschaften am Limes dienten.
Im Bereich des Ostkastells werden mit Schautafeln, Abgüssen
von Bauinschriften und Statuen aus der Region entlang der einstigen Lagerstraßen die Themenbereiche Militär und Verwal-
tung, Religion sowie das römische Welzheim anschaulich gemacht.
Vom Südrand des Westkastells bis rund 100 Meter westlich des
Ostkastells erstreckte sich eine **Kastellsiedlung**. Nördlich, am
Hang der Flur Burgfeld, wurden über 160 römische Brandgräber
aufgedeckt, die aus dem 2. und 3. Jahrhundert stammen. Grab-
beigaben, Keramik – besonders in der Umgebung Welzheims
entstandene – und die Untersuchungsergebnisse aus dem Ostkastell sind wichtige Ausstellungsstücke im **Städtischen Museum** Welzheim. Es ist in historischen Gebäuden des ehemaligen
Dekanats in der Pfarrstraße untergebracht.
Lohnend ist auch ein Rundgang in der historischen Innenstadt
Welzheims, ein Besuch sehenswerter Mühlen in der Umgebung
(Mühlenwanderweg rund um Welzheim) sowie eine Wanderung
auf dem als 10 Kilometer langen Rundweg angelegten Geologi-

schen Lehrpfad an der Laufenmühle (ca. 1,5 km westlich von Welzheim an der Straße nach Rudersberg).

Sehr gepflegte Spazierwege führen südlich des Stadtgebietes von Welzheim zum WP 9/134, dem sogenannten **Göckeler-turm**. Am Parkplatz „Wellingtonien" mit Wanderwegetafel (Wald-sportpfad, Mammutbäume) folgt man dem Wanderweg W 1 („Römertürmle") oder man biegt zuvor Richtung Sportanlagen ab und parkt dort. Man trifft auf den Limeswanderweg, der zu den 5 mal 5 Metern messenden restaurierten Grundmauern des Wachtturms führt.

Die Reichs-Limeskommission hat bei der Einteilung der Streckenabschnitte die Nummern 10 und 11 für den älteren Odenwald- bzw. Neckarlimes vergeben. So trifft an der Straße Welzheim–Breitenfürst–Pfahlbronn wenig östlich der Abzweigung zum Haghof der Limesabschnitt 9 von Norden auf die Straße und knickt als Strecke 12 nach Osten ab. Hier stehen südlich der Straße ein Limesstein, an der nördlichen Straßenseite ein Hinweisschild. In Pfahlbronn ändert der Limes bereits wieder seine Richtuntg und wendet sich, immer stärker nach Osten schwingend, erneut nach Süden.

Am südöstlichen Ortsrand von Brech (Ortsteil von Pfahlbronn) ist von der Straße „Im Bohnenfeld" ein Parkplatz am Waldrand ausgeschildert. Hier am alten Kirchweg von Pfahlbronn nach Lorch kann man mit der Limesweg-Markierung zu mehreren einstigen Limestürmen gelangen: Direkt am Parkplatz liegt der WP 12/7, nur als Schutthügel erkennbar, rund 500 Meter weiter südlich folgt WP 12/8 mit restaurierten Grundmauern (Seitenlängen 5 mal 5 Meter), und dann weitere 600 Meter nach einem Aufstieg der sogenannte Bemberlesstein, WP 12/9, ebenfalls mit restauriertem Fundament.

Restauriertes Westtor des Ostkastells von Welzheim

Inschriftenstein in Welzheim Hölzerner Wachtturm in Lorch

12 LIMESWACHTTÜRME UND KASTELL LORCH

Von Norden her erreicht man Lorch über das Kloster. Hier steht am Limes ein hölzerner **Wachtturm**. Der **Wachtturm WP 12/11** ist von Lorch her Richtung Götzenmühle zu erreichen; dort endet die Straße in einem Parkplatz mit Limesstein. Die **Feldwache** WP 12/13 findet sich neben der Gaststätte am Sportplatz, vom Kloster bzw. von Lorch her durch den Wegweiser „Hollerhof" bzw. „Schulzentrum/Sportplatz" ausgeschildert. Das **Kastell** liegt unter dem Altstadtkern; lediglich das Fundament eines Torturms ist im Garten des evangelischen Gemeindezentrums (Kirchstr. 30/32) sichtbar.

Gleich an der Straße, die oberhalb von Kloster Lorch zu einer Biegung ansetzt, steht der **hölzerner Nachbau** eines Wachtturmes an der vermuteten Stelle von WP 12/14, der jedoch mit Sicherheit ein Steinturm war. Hier setzt der Limes zu einer neuerlichen Richtungsänderung an: Er wendet sich insgesamt nach Osten, wobei er seinen Verlauf aber immer weiter nach Norden versetzt. Vom Standort des WP 12/14 aus bietet sich ein weiter Blick auf die gegenüberliegenden Höhen bis zum Hohenstaufen sowie ins Remstal. Durch dieses Tal verlief einst die Römerstraße vom Neckar nach Rätien; letztlich ist auch die heutige Bundesstraße 29 nur ihre Nachfolgerin.
Von der Stadt oder vom Kloster kommend trifft man in einer scharfen Kurve auf eine Straßengabelung, der man nach Norden Richtung Hollenhof und Schulzentrum/Sportplatz folgt. Gleich oberhalb der Gaststätte am Sportplatz erhebt sich ein eindrucksvoller, baumbestandener Schutthügel mit Erläuterungstafel. Er wird zwar mit WP 12/13 bezeichnet, es handelt sich jedoch nicht um die Reste eines normalen Limeswachtturm. Die Reichs-Limeskommission stufte das einst ziegelgedeckte Bauwerk mit 10,5 mal 10,5 Meter Grundfläche als **„Feldwache"** ein. Solche Anlagen wurden verschiedentlich am Limes vorgefunden.
Eine kurze reizvolle Wanderung führt zum WP 12/11: Aus Lorch kommend fährt man Richtung Götzenmühle, vor Ende der Straße (Eintritt in den Wald) liegt ein Parkplatz. Hier quert der Limes die Forststraße und wird durch einen Limesstein markiert. Von dort führt der Limeswanderweg zunächst nach links und dann

den Berg hinauf. Der teilweise auf dem Limes verlaufende Weg ist streckenweise steil. Nach rund einem Kilometer erreicht man die Anhöhe – von der Reichs-Limeskommission als „auf dem roten Bühl" bezeichnet – mit den restaurierten Grundmauern des **Limeswachtturms WP 12/11**. Auffallend sind zwei Hügel westlich und östlich dieser Stelle im Abstand von 35 bzw. 50 Metern, die an Grabhügel oder Wehranlagen aus anderen Epochen denken lassen. Diesem Verdacht ging auch die Reichs-Limeskommission nach und kam zu dem Schluß, daß diese Hügel natürlichen Ursprungs sind.

Die Stadt Lorch entstand an der Stelle des römischen **Kastells** am Limesknie und an der schon erwähnten Straße im Remstal. Somit war es das südöstlichste Kastell in Obergermanien. Möglicherweise beherbergte das Kastell die gleiche Besatzung wie das Vorgängerkastell am Neckar-Limes in Köngen, eine Infanterieeinheit mit Reitern. Das rund 150 mal 160 Meter große Kastell ist von der Altstadt überbaut, über der Innenbebauung wurde vermutlich bereits um 500 eine erste Kirche St. Marien errichtet. Seit 1060 „Stiftskirche", wurde sie zu Beginn des 12. Jahrhunderts zur Grablege der Staufer, als solche jedoch bereits 1144 von der Kirche des damaligen Benediktinerklosters abgelöst. Untersuchungen im Kastellbereich ergaben neben mehreren Herdstellen einige Kleinfunde. Nachgewiesen sind lediglich ein Turm in der Nordostecke des Kastells und die Westmauer mit dem Tor. Restauriert wurde das Fundament des **nördlichen Turm** dieses Tors; es verbirgt sich im Garten des evangelischen Gemeindezentrums. 500 Meter westlich des Kastells lag ein Brandgräberfeld, die Kastellsiedlung ebenfalls westlich sowie südlich des Kastells.

Ein Besuch der ausgedehnten Klosteranlage ist zu empfehlen; im Museumsraum – dem ehemaligen Kapitelsaal – neben der Kirche sind auch einige römische Funde untergebracht. Der Klosterbereich, in dem sich ein evangelisches Alten- und Pflegeheim sowie eine Gaststätte befinden, ist täglich von 9 bis 19 Uhr zugänglich.

13 KLEINKASTELL KLEINDEINBACH UND BEGINN DER RÄTISCHEN MAUER

Auf der alten Straße von Lorch nach Schwäbisch Gmünd (nördlich von Rems und B 29) kurz vor dem westlichen Ortseingang nach links Richtung Großdeinbach abbiegen, dann rechts ab nach Kleindeinbach, dort bis zum nördlichen Ortsausgang fahren und das Auto abstellen. Hier zieht sich ein Feldweg in Kurven nach rechts (Osten) zu Gärten hinunter. Halblinks in den Wald eintreten, dann einige hundert Meter dem Limeswanderweg bergab ins Rotenbachtal folgen. Zunächst passiert man eine leichte Erdschanze, einziges Relikt des **Kleinkastells**. Weiter unten leitet ein Trampelpfad rechts des Wegs zum **„Beginn der Rätischen Mauer"**.

Möglicherweise war der obergermanische Limes hier in seinem letzten Teilstück nie als Wall mit Graben ausgebaut, denn es fanden sich ab Lorch keine derartigen Spuren. Nördlich des Weilers Hangendeinbach weist ein Limesstein auf den Verlauf der einstigen römischen Grenze hin. Östlich der Straße Kleindeinbach–Großdeinbach hat wohl WP 12/21 als letzter Wachtturm auf obergermanischem Gebiet gestanden. Daher hatte das **Kleinkastell** Kleindeinbach sicherlich einst eine wichtige Funktion. Offenbar war es aber schon Ende des 19. Jahrhunderts stark verschleift, denn zunächst gab die Reichs-Limeskommission den Resten die Bezeichnung WP 12/22. Tatsächlich handelte es sich aber um ein größeres Gebäude mit rund 600 Quadratmeter Grundfläche und einem Tor, das sich, vom Limes abgewandt, nach Süden öffnet. Vermutlich entspricht der Bauplan der des Kastells Rötelsee (siehe Kap. 11).

Auf halbem Weg des Abstiegs zum Rotenbachtal ändert sich plötzlich das Bild des Limes, wie er am südlichen Teil der Grenze Obergermaniens verlief: Anstelle von Erdwall, Graben und Palisaden beginnt hier der **Limes als Steinmauer** (der ebenfalls Palisaden vorgelagert waren). Im Rotenbachtal hat diese „rätische Mauer" einen flachen Wall aus Sandstein hinterlassen, der auch das Bachbett durchzieht. Hier fand man Reste der dazugehörigen Palisaden, deren Holz aus dem Winter 163/64 stammt. Das gleiche Alter wiesen Palisaden bei Rainau-Schwabsberg auf (siehe Kap. 17). Der Mauerbeginn wurde

nach einer Untersuchung in einem kleinen Teilstück rekonstruiert und mit der Nachbildung eines Altaraufsatzes versehen, der an diesem Ort aufgefunden worden war. Vermutlich war dieser Stein den Grenzgottheiten geweiht.

14 KASTELLBAD SCHIRENHOF IN SCHWÄBISCH-GMÜND

Am westlichen Ortseingang von Schwäbisch Gmünd Richtung Stadtmitte auf der Eutinghoferstraße fahren. Vor der katholischen Kirche St. Michael nach rechts (Süden) abbiegen und der Straße „Am Schirenhof" folgen. Im Neubaugebiet in die Straße „Am Römerbad" nach links abzweigen. An der Wendefläche der Sackstraße ist ein Parkplatz neben dem **Kastellbad**. Eine Straße weiter höher, „Am Römerkastell" verläuft unterhalb des ehemaligen **Kastellgeländes** zum Schirenhof.
Museum für Natur und Stadtkultur, Johannisplatz 3, mit römischen Funden, geöffnet täglich außer montags 14 bis 17 Uhr, samstags und sonntags zusätzlich von 10 bis 12 Uhr (Tel. 07171/5737).

Das **Kastell**, das westlichste am rätischen Limes und von diesem rund 800 Meter Luftlinie entfernt, liegt neben dem jetzigen Schirenhof unter landwirtschaftlichen Nutzflächen verborgen auf einer Kuppe. Ergraben wurden lediglich das nordöstliche (rechte) und das hintere Tor (*porta decumana*) sowie Teile des Stabsgebäudes. Hiervon ist jedoch nichts sichtbar geblieben. Eine Datierung von Bauhölzern auf Jahre um 150 fiel erwartungsgemäß in die Regierungszeit von Kaiser Antoninus Pius. Ziegelstempel nennen die *Cohors I Flavia Raetorum* als Kastellbesatzung.
Das Kastellbad, ursprünglich rund 100 Meter unterhalb des linken Lagertors gelegen, weist drei Bauphasen auf. In der zweiten Bauphase wurde das Bad vergrößert und mit weiteren Fußbodenheizungen versehen, vermutlich nach 233 geschah dieser Anlage das gleiche wie den obergermanischen Bädern: Es wurde wesentlich verkleinert, und nur noch ein Raum blieb heizbar. Grundmauern aus Teilen der zweiten Bauphase – in der Längsausdehnung immer noch über 30 Meter – wurden rekonstruiert und mit einer Erläuterungstafel versehen. Das Re-

Kastellbad Schirenhof in Schwäbisch Gmünd

lief einer Quellnymphe aus dem Badbereich ist im „Museum für Natur und Stadtkultur" zu sehen.

Vom Lagerdorf, das sich vermutlich am Hang unterhalb des Kastells ausbreitete, wurde wenig ergraben. Allerdings stammen Tongefäße, Öllämpchen und ein Grabrelief aus einem Gräberfeld, das wohl rund 600 Brandbestattungen umfaßte.

Im Bereich der heutigen Stadt gab es in römischer Zeit noch zwei Kleinkastelle. Eines lag bei der Freimühle an der Abzweigung der Straße nach Großdeinbach, das andere im Schießtal unterhalb des heutigen Ortsteils Herlikofen. Beide haben so gut wie keine sichtbaren Reste hinterlassen.

Römische Funde sind im „Museum für Natur und Stadtkultur" in verschiedene Themenbereiche eingebunden. Es ist im „Prediger", einem ehemaligen Dominikanerkloster untergebracht. Sehenswert ist in der ältesten Stadt der Staufer der gesamte mittelalterlicher Stadtkern mit der spätromanischen Johanniskirche, der Heilig-Kreuz-Kirche, einer Vielzahl weiterer Bauten sowie den Resten der Stadtbefestigung. In der Stadt der Gold- und Silberschmiede wurde ein Silberwaren- und Bijouterie-Museum in einer ehemaligen Fabrik im Milchgäßle 10 eingerichtet, geöffnet mittwochs und samstags 14 bis 17 Uhr, sonntags 10 bis 12 und 14 bis 17 Uhr (Tel. 07171/38910)

15 KASTELL BÖBINGEN UND LIMESSTRECKE ZWISCHEN MÖGGLINGEN UND HEUCHLINGEN

Von der B 29 in Böbingen zur Ortsmitte nach Süden abbiegen, beim Rathaus nach links (Osten) hinauf und dann dem Wegweiser Kastell/Schule/Sportanlagen folgen. Im ehemaligen **Kastellbereich** liegt jetzt ein Tennisplatz.

Zur **Limesstrecke** im „Grubenholz" mit **Wachtturmresten** biegt man in Mögglingen von der B 29 nach Norden Richtung Heuchlingen ab. Auf halber Strecke liegt westlich der Straße ein Parkplatz.

Das **Kastell** Böbingen lag strategisch äußerst günstig auf dem Bergsporn im Mündungsbereich des Klotzbachs in die Rems. Obschon es damit einen guten Kilometer Luftlinie vom nördlich verlaufenden Limes entfernt war, konnte es einen weiten Bereich überwachen: Die römische Kastellbesatzung konnte im Westen bis zum Limesturm auf der Anhöhe beim heutigen Herlikofen (WP 9/34) und im Osten bis zu dem auf über 500 Meter ü. NN gelegenen am Kolbenberg (WP 9/54) blicken. Auch heute noch bietet der Standort des Kastells eine schöne Aussicht. Rekonstruiert wurden die Fundamente von Teilen der Umfassungsmauern des Kastells: das südliche Tor mit flankierenden Türmen, die Südostecke mit einem Eckturm und ein Stück der östlichen Mauer mit einem Turm. In den Fels um die Kastellmauer waren drei Spitzgräben gehauen. Die Grundfläche des Kohortenkastells beträgt zwei Hektar, die Innenbebauung wurde vollständig untersucht: An das Stabsgebäude schloß sich eine Halle an, das Fahnenheiligtum verfügte über eine Fußbodenheizung. Im Westen lag der Getreidespeicher, im Osten vermutlich das Wohnhaus des Kommandanten, ausgestattet mit einem Bad. Neben verschiedenen Kleinfunden traten Teile von Pferdegeschirren und einer großen Bronzestatue, Fibeln, Gürtelbeschläge sowie Münzen zutage. Erbaut wurde das Kastell wie die Militärlager am südlichen obergermanischen Limes um die Mitte des 2. Jahrhunderts. Es wurde möglicherweise durch Feuer bei Angriffen auf den rätischen Limes zerstört.

Das Kastellbad lag nördlich neben dem heutigen Schulgebäude, die Zivilsiedlung in der Flur „Im Bürgle", jetzt von der Gemeindehalle Böbingen überbaut. Hier wurde auch ein Gebäude aus der zweiten Hälfte des 2. Jahrhunderts aufgedeckt, das als Tempelanlage anzusprechen ist. Glas-, Bronze- und Silbergegenstände traten hier zutage sowie der Kopf einer Steinplastik. Östlich des Kastells fanden sich Reste von Wohnbauten. Eine Gebäudegruppe mit lang-rechteckigen Häusern, die beheizbar waren und Glasfenster besaßen, ist besonders bemerkenswert. Möglicherweise handelte es sich um eine *mansio*, eine Herberge für Reisende.

In Böbingen ist die Michaelskapelle mit einem Portal vom Ende des 11. Jahrhunderts sehenswert.

Rekonstruierte Umfassungsmauern des Kastells Böbingen

Für eine Wanderung auf einem gut einen Kilometer langen **Limesteilstück** biegt man von Mögglingen an der B 29 nach Norden in Richtung Heuchlingen ab. Wo die Straße in den Wald eintritt, liegt linkerhand ein Parkplatz. Der Schuttwall des Limes „Im Grubenholz" setzt knapp 100 Meter südlich des Parkplatzes bei einem Limesstein ein. Mit dem Limeswanderweg sowie den örtlichen Rundwegmarkierungen A 1 und A 2 geht es nach Westen. Nach etwa 500 Metern trifft man auf den großen Schutthügel des Limesturmes WP 12/46. Gut erkennbar sind in unmittelbarer Umgebung hallstattzeitliche Grabhügel. In den auffälligsten von ihnen war in römischer Zeit ein Kalkbrennofen gebaut worden. Weiter führt der Weg auf dem Limes zum einstigen WP 12/45. Hier handelte es sich nur um einen Holzturm – nach bisherigen Untersuchungen um den am westlichsten gelegenen –, wie sie in der ersten Ausbauphase des rätischen Limes erstellt und um die Wende vom 2. zum 3. Jahrhundert durch Steintürme ersetzt wurden. Von einem solchen sind bei WP 12/45 bisher keine Reste entdeckt worden. Man kann nun den gleichen Weg wieder zurückgehen. Wer länger wandern möchte, kann die geschilderte Strecke auch im Verlauf eines 6,5 Kilometer langen Rundwegs begehen. Ausgangspunkt ist hier der Ortskern von Mögglingen mit einer Wanderwegetafel südlich der Bahnbrücke.

16 LIMESMUSEUM, KASTELL UND PARKMUSEUM AALEN

Im Westen der Stadt am Stadtpark; Zufahrt gut ausgeschildert („Stadthalle" und „Limesmuseum"); großer Parkplatz. Geöffnet täglich außer montags sowie an Feiertagen von 10 bis 12 und 13 bis 17 Uhr, geschlossen 24., 25. und 31. Dezember sowie 1. Januar, Tel. (07361) 522230

Die ehemalige Freie Reichsstadt Aalen besitzt neben einem historischen Stadtbild und zahlreichen anderen Sehenswürdigkeiten und Museen ein **„Limesmuseum"**, errichtet über dem Grundriß eines römischen Kastells. Es war das größte Hilfstruppenlager am gesamten Limes zwischen Rhein und Donau. 1964 wurde das Zweigmuseum des Württembergischen Landesmuseums Stuttgart erbaut und 1979 bis 1981 erweitert. Funde, Karten und Modelle gewähren einen detaillierten Einblick in das römische Militär- und Zivilwesen in den Provinzen Germanien und Rätien. Im Innenhof des Ergeschosses ist der Brunnenfund von Rainau-Buch (siehe Kap. 17) ausgestellt, der größte und wertvollste Depotfund aus dem 3. Jahrhundert in Baden-Württemberg. Auf der Sohle von drei Brunnen lagen Bronzegefäße, Eisenwerkzeuge, Bronze- und Holzfigürchen.

Das Limesmuseum ist sehr kinderfreundlich gestaltet. Zwei Dioramen mit Hunderten von handbemalten Zinnfiguren geben ein farbenprächtiges Bild von den „Feinden Roms" sowie über einen „Sommertag des Jahres 213 n. Chr. am rätischen Limes". Für Schulklassen und Gruppen gibt es auf Anfrage spezielle Aktionsprogramme wie „Basteln im Museum" oder eine „römische Kleiderprobe". Ein Ferienprogramm für Kinder, Familientage, Vortragsreihen, Sonderausstellungen und wissenschaftliche Kolloquien runden das Angebot des Museums ab.

Erbaut ist das Limesmuseum auf der Lagerhauptstraße des größten römischen Reiterkastells nördlich der Alpen. Das **Kastell** wurde um 150 errichtet und beherbergte die *Ala II Flavia milliaria*, eine rund 1000 Mann starke Reitereinheit. Es bildete ein unregelmäßiges Rechteck von 288/277 mal 214 Metern auf einem nach Nordosten geneigten Abhang. Das Kastell wurde um 260 aufgegeben. Zu sehen sind die konservierten Fundamente des Nordtors vor dem Eingang des Limesmuseums, oberhalb des Museums die freigelegten Grundmauern des Stabsgebäudes mit dem guterhaltenen Fahnenheiligtum.

Auf den „Maueräckern" waren noch im 16. Jahrhundert römische Ruinen sichtbar. In der St.-Johannis-Kirche im Osten des Kastellgeländes wurden römische Inschriftensteine vermauert. An der Nordwestecke der Kirche sind noch vier Reihen dieser Steine zu erkennen.

Das **Römische Parkmuseum** Aalen ist eine Freilichtanlage nahe des Limesmuseums. Im Stadtpark westlich des Museums sind 16 Kunststeinnachbildungen von vorwiegend in der näheren Umgebung gefundenen römischen Monumenten aus dem zweiten und dritten Jahrhundert aufgestellt.

Der Römerpark in Aalen

Palisade und Mauer bei Hüttlingen

Die moderne städtische Limestherme mit Hallen- und Frei-
becken ist im Stil einem römischen Bad nachempfunden. Einen
Besuch wert sind auch das Schaubergwerk „Tiefer Stollen" und
der Bergbaupfad im Ortsteil Wasseralfingen.
Auf dem Weg nach Norden zum Limes-Freilichtmuseum am
Stausee Buch (siehe Kap. 17) kann man nach Hüttlingen abbiegen. Dort überschritt der Limes den Kocher. Auf der B 19 wird
der Ort Richtung Abtsgemünd durchfahren. Am westlichen Ortsausgang leitet ein Wegweiser nach rechts, nach wenigen Metern ist links ein Palisadenstück zu sehen. Tatsächlich querte
der Limes rund 80 Meter westlich der Rekonstruktion den Fluß.
In der sumpfigen Niederung wurde die Grenzbefestigung nicht
in Steinen ausgeführt, sondern als Palisadenzaun. Dargestellt
ist der Anschluß eines rund fünf Meter langen Mauerstücks aus
unregelmäßigen Bruchsteinschichten an eine etwa vier Meter
lange und drei Meter hohe Palisade an. Die 16 oben zugespitz-
ten Halbstämme sind durch mächtige Querhölzer gehalten. Die
„Limesanlage am Kocher" gibt den Zustand der römischen
Grenzsicherung zu Beginn des 3. Jahrhunderts wieder. Ein Pfla-
stermosaik auf dem kleinen Platz vor der Mauer zeigt die Land-
karte der Provinz Rätien mit dem Limesverlauf und den Kastell-
orten. Ein Pinienzapfen, wie er im Kocher bei Hüttlingen gefunden wurde, markiert den Standort.

17 LIMES-FREILICHTMUSEUM RAINAU

Von Ellwangen oder Aalen über die Bundesstraße 290 bis zur Abzweigung „Stausee Buch". Vom Parkplatz kurze Wegstrecke zu **Kastell, Kastellbad und Vicus**. Von hier aus wie auch von den anderen Parkplätzen kann der Rundwanderweg begangen werden, der zu
allen Stationen des „Freilichtmuseums" führt (insgesamt rund 11 Kilometer). Die Stationen können auch mit dem Auto oder Fahrrad an-
gefahren werden. Entlang des Wanderwegs läßt sich besonders im
alten Waldbestand der **Verlauf des Limes** als Schuttwall erkennen.
Die Nummern im Übersichtsplan entsprechen den Nummern im
Text.

Das Freilichtmuseum am rätischen Limes im Ostalbkreis liegt
zwischen den drei Ortschaften Dalkingen, Schwabsberg und

Römermuseum in Aalen

Im Freilichtmuseum Rainau

Buch, die sich 1975 zur Gemeinde Rainau zusammengeschlossen haben.

1) Der Parkplatz an der L 1074 bei Schwabsberg ist Ausgangspunkt für einen Besuch am Limes. In der Waldabteilung „Mahdholz" ist ein Teil der rätischen Mauer mit einem quadratischen Wachtturm freigelegt und konserviert. Ein Stück der **Limesmauer** ist in voller Höhe rekonstruiert und gibt Besuchern einen Eindruck vom Aussehen dieser Grenzanlage. Südlich davon am Waldrand wurde ein **hölzerner Limesturm** mit der dazugehörigen Palisade errichtet. Obwohl – wie bei allen Rekonstruktionen – die Details umstritten sind, gibt der „Römerturm" einen Eindruck vom Aussehen der ältesten Befestigung am rätischen Limes. Am südlichen Ortsrand von Schwabsberg wurden 1969 und 1976 Teile der hölzernen Palisade ausgegraben. Eine dendrochronologische Datierung der Hölzer datiert die Bauzeit auf die Jahren um 165.

Lageplan des Freilichtmuseums Rainau

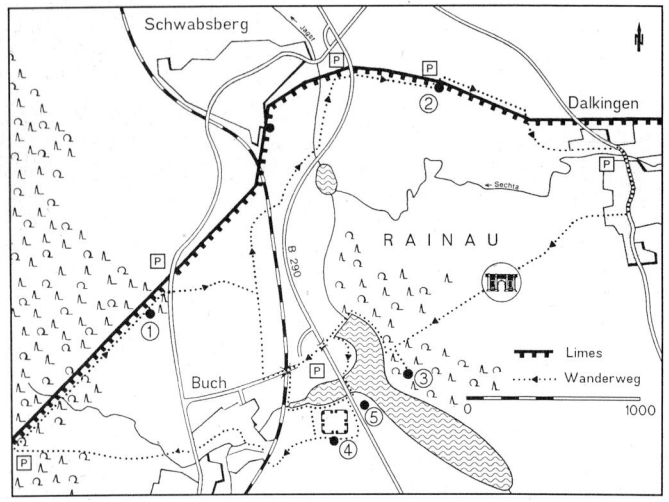

Limes mit Steinturm und hölzernem Wachtturm bei Schwabsberg >

2) Ein **Limestor** wurde bei Dalkingen freigelegt und konserviert. Es ist am gesamten Limes zwischen Rhein und Donau bisher ohne Parallele. Das Torgebäude wurde im frühen 3. Jahrhundert an der Südseite mit einer Prunkfassade aus zugesägten Kalktuffsteinen verblendet. Möglicherweise hängt diese letzte von insgesamt fünf baulichen Veränderungen mit dem Besuch Kaiser Caracallas (213) zusammen. Bei den Untersuchungen fanden sich ein Holzzaun und eine Palisade mit Graben als Vorgänger der steinernen Limesmauer sowie ein Holzturm, eine der sogenannten Feldwachen und ein Steinturm, bevor zunächst ein einfacheres und schließlich das Limestor der letzten Bauphase errichtet wurde. Außerdem wurden bedeutende Funde gemacht, insbesondere Teile eines überlebensgroßen Kaiserstandbildes aus Bronze (im Limesmuseum Aalen).

Limestor bei Dalkingen

3) Im Wald bei Rain finden sich ausgedehnte Schutthügel. Sie bergen vermutlich **römische Zivilbauten**, möglicherweise Reste eines Gutshofes (*villa rustica*). Wenige hundert Meter unterhalb befand sich eine römische Ziegelei. Bei den Baggerarbeiten für den Bau des Stausees wurden Reste eines Ziegelbrennofens entdeckt.

4) Auf der Anhöhe oberhalb des heutigen Stausees liegt ein etwa 2,1 Hektar großes ehemaliges **Kohortenkastell**. Es bildet ein nahezu regelmäßiges Rechteck von etwa 140 mal 150 Metern. Ausgegraben und restauriert wurde das Südtor. Östlich davon lag ein rechteckiger Zwischenturm; zur Umwehrung des Kastells gehörten zwei Spitzgräben. Von den Innenbauten sind das Stabsgebäude (*principia*) und ein Getreidespeicher (*horreum*) nachgewiesen. Vermutlich legte man das Kastell Buch als Nachfolgebau des Kastells Oberdorf am Ipf an, als der Limes um das Jahr 110 nach Norden vorgeschoben wurde. Das Kastell mit seiner *Cohors III Thracum veterana* von rund 500 Mann diente wohl hauptsächlich der Überwachung des Jagsttals, das den Zugang in römisches Gebiet öffnete.

5) Das **Kastellbad** liegt 100 Meter nordöstlich des ehemaligen Kastells und heute unmittelbar am Ufer des Stausees. Bei den Ausgrabungen des 44 Meter langen und bis zu 22 Meter breiten Gebäudes wurden insgesamt vier Bauphasen ermittelt. Restauriert sind die Grundmauern aus der flächenmäßig größten zweiten Bauphase des späten 2. Jahrhunderts.

Südöstlich des Kastellbades, im ältesten Bereich des zivilen Lagerdorfs (*vicus*), wurden **zwei Gebäude** untersucht und ihre Grundmauern konserviert. Bei dem repräsentativen Gebäude handelt es sich entweder um eine Unterkunftsstation für Durchreisende (*mansio*) oder um das Wohnhaus des Lagerkommandanten; das danebengelegene Gebäude ist ein kleines Badehaus.

Beim Bau der neuen Bundesstraße 290 erfolgte in den Jahren 1976 bis 1979 die erste großflächige Ausgrabung eines **Lagerdorfes** am rätischen Limes. Rechtwinkelig zu einer vom Südtor des Kastells zum Kastellbad verlaufenden Straße lagen fast ausschließlich Holzgebäude mit holzverschalten, in der Regel rechteckigen Kellergruben und Brunnen. Die reichen Funde wie Münzen, Keramik, Glas- und Metallgefäße, aber auch Schmuck und Geräte werden im Limesmuseum in Aalen gezeigt. Besonders erwähnenswert sind die aus Zisternen geborgenen wertvollen Gegenstände, die im 3. Jahrhundert während der Auseinandersetzungen zwischen Römern und Germanen hier versteckt wurden. Zu dem größten römischen Schatzfund aus dem 3. Jahrhundert in Südwestdeutschland zählen ein vollständig erhaltener bronzener Infanteriehelm, eine geschnitzte Holzplastik, ein Kettenhemd aus Eisenringen, kunstvolle bronzene Gefäße und Figuren sowie Eisengeräte. Aus einer Abfallgrube stammt ein Inschriftenstein für den Gott Merkur.

18 KASTELL HALHEIM

In der Ortsmitte von Pfahlheim Wegweiser zum Kastell Hahlheim; auf der Straße von Halheim Richtung Gerau biegt man an einem Limesstein auf dem asphaltierten Weg nach links auf die Anhöhe. Nach 400 Metern am Ende der Teerstrecke sind es noch 200 Meter nach rechts zum Heckenkastell.

Das Kastell Halheim lag nur etwa 40 Meter vom Limes entfernt, der in diesem Bereich stellenweise als Bodenwelle sichtbar ist. Möglicherweise wurde das Kastell früher als der Limes angelegt, da dieser einen Bogen um das Kastellgelände beschreibt. Es ist heute durch Buschbewuchs auf der ehemaligen Umfassungsmauer gut im Gelände erkennbar. Bei einer Untersuchung durch die Reichs-Limeskommission wurde festgestellt, daß die Umfassungsmauer des Kastells 1,2 Meter stark und mit einem Graben umgeben war. Die annähernd quadratische Anlage von 80 mal 82 Metern besaß ein Nord- und ein Südtor, jedes von zwei Türmen flankiert; Türme standen auch an allen vier Ecken sowie Zwischentürme an der West- und der Ostmauer. Damit entsprach das Kastell den üblichen Unterkünften für einen Numerus. Es bestand von etwa 125 bis 260. Der Bereich des einstigen Nordtors ist durch Baumbestand markiert. Südlich des Kastells deuten Mauerreste auf eine kleine Zivilsiedlung hin.

19 WACHTTURM BEI MÖNCHSROTH

Aus Richtung Tannhausen kommend, folgt man am Ortseingang von Mönchsroth dem Schild „Limes-Turm" nach rechts. Nach etwa 900 Metern erreicht man nach einer Weiheranlage den Waldrand.

Der Steinturm wurde zwischen den bekannten Standorten der Türme WP 13/1 und 13/3 am vermuteten Platz des WP 13/2 rekonstruiert. Der Limesverlauf ist in diesem Bereich durch Grabungen genau nachgewiesen. Das Aussehen des begehbaren Turmstumpfes richtet sich nach Befunden benachbarter Wachttürme. Auf eine vollständige Rekonstruktion wurde verzichtet, da die archäologischen Erkenntnisse sehr unterschiedliche Formen erlauben. Das Turmfragment mit anschließenden Limesmauerstücken vermittelt ein Bild aus der Zeit der verfallenden römischen Grenzbefestigungen. Die Anlage ist mit einer Schautafel versehen und steht unmittelbar östlich der Straße Mönchsroth–Tannhausen, die in diesem Bereich die Grenze zwischen Baden-Württemberg und Bayern markiert. Hier beginnt auch die Limesstrecke 13; der letzte Limesturm an der Strecke 12 ist der WP 12/113 östlich des Waldstücks.

Limesturm bei Mönchsroth

20 DIE RÖMER IM GEBIET UM DEN HESSELBERG:
Limes im Wörnitztal, Kastell Ruffenhofen,
Limesturm bei Dühren, Kastell Dambach und
Limesstück am Dennenloher See

Die römischen Relikte in diesem Bereich lassen sich nacheinander anfahren: Das **Limesstück** liegt wenige Meter vom Parkplatz an der Straße südlich der Wörnitz zwischen Wilburgstetten und Weiltingen.
Heimatmuseum Markt Weiltingen, Schloßweg 11, mit römischen Funden vom Kastell Ruffenhofen und Unterlagen der Reichs-Limeskommission, geöffnet sonntags 13 bis 16 Uhr von Anfang Mai bis Anfang Oktober, Gruppen nach Vereinbarung, Tel. 09853/253 (Gemeindeverwaltung)
Weiter geht es nach Ruffenhofen. Dort biegt man nach Osten in Richtung Aufkirchen ab. Etwa 800 Meter außerhalb des Ortes geht es vor dem Denzengraben auf einem Feldweg nach rechts (Süden), vorbei an einem Badeweiher. Nach rund 500 Metern befindet man sich in Höhe des **Kastells**, zu dem ein Feldweg hinaufführt.
Von der Straße Ruffenhofen-Aufkirchen fährt man dann nach Wittelshofen, weiter nach Untermichelbach und Richtung Ammelbruch. Rund 600 Meter nach Überqueren der Sulzach biegt man nach rechts Richtung Dühren ab. Nördlich von Dühren trifft man auf die Straße Ammelbruch–Grüb. Vom Parkplatz mit Schautafel geht es noch ca. 200 Meter nach Norden in den Wald hinein zum **Limesturm** bei Dühren.
Über Grüb wird Ehingen erreicht, von dort geht es weiter nach Dambach. Man verläßt den Ort in nordwestliche Richtung nach Brunn. Nach etwa 1,2 Kilometern liegt der Bereich des ehemaligen **Kastells Dambach** bei der früheren Hammerschmiede am Kreutweiher.
Weiter geht es nach Westen auf die Straße Bechhofen–Unterschwaningen und auf ihr in südöstlicher Richtung nach Dennenlohe. Man folgt den Hinweisschildern zum See; am Ostufer beim Campingplatz steht ein rekonstruiertes Stück der **Limesmauer**.

Die Straße Wilburgstetten–Weiltingen, an deren Rand ein Limesstein steht, überquert man vom Parkplatz aus. Auf einem Waldweg geht es wenige Meter nach Süden zum **Limes** mit einer Schautafel über die Römer im Hesselberggebiet. Die römische Grenze ist hier auf einige hundert Meter als Steinrücken gut erkennbar. Nach Westen kann man ihm etwa 500 Meter weit folgen, bis er verflacht. In östlicher Richtung verläuft der

Schuttwall weniger deutlich ausgeprägt in spitzem Winkel auf die Straße zu, die nun für etwa 600 Meter dem Limesverlauf entspricht. Der Limes machte hier einen deutlichen Knick nach Nordosten und überschritt westlich des heutigen Weiltingen die Wörnitz und westlich von Untermichelbach die Sulzach, um schließlich den mächtigen Bergstock des Hesselbergs im Norden zu umgehen.

Im Hesselberggebiet liegen mehrere spätkeltische Viereckschanzen. Ein weithin sichtbares Beispiel bietet die Schanze etwa 700 Meter westlich des Ortsausgangs von Weiltingen in Richtung des genannten Parkplatzes auf einer Anhöhe südlich der Straße. Der Nord- und der Ostwall dieser Schanze sind gut erhalten.

Vom **Kastell Ruffenhofen** auf 460 Meter Höhe in der Flur „Bürgfeld" ist außer wenigen Erhebungen in den Äckern nichts mehr zu sehen. Eine Schautafel steht in der Ostecke des Kastells, eine Buschgruppe bezeichnet die Westecke. Die Untersuchung des Kastellgeländes durch die Reichs-Limeskommission ergab eine Fläche von 197 mal 190 Metern, die Ausrichtung der Hauptfront zum Hesselberg (Nordosten) hin sowie die Form der vier Tore. Auch eine Lagerstraße, das Haus des Kommandanten und ein mutmaßliches Speichergebäude wurden ergraben. Möglicherweise war hier eine Bataver-Kohorte stationiert (siehe Kap. 24). Durch Luftaufnahmen wurden die das Kastell umgebenden Gräben nachgewiesen. Auch das Bad an der Quelle des Denzengrabens südlich des Kastells wurde so entdeckt. Streufunde weisen auf ein ausgedehntes Lagerdorf hin.

Im Wäldchen südöstlich von Ammelbruch macht der Limes einen scharfen Knick aus der angenäherten Süd-Nord-Richtung in eine mehr östliche Richtung. Hier standen in ungewöhnlich kurzem Abstand zwei Wachttürme (WP 13/22 und 13/23). Bald darauf quert der Limes die Straße Ammelbruch–Grüb. Vom nächsten **Wachtturm WP 13/24** nördlich von Dühren wurden die Grundmauern rund einen Meter hoch rekonstruiert. Im Süden lag der einen Meter breite Eingang. Im Inneren fanden sich der Estrich, eine Feuerstelle sowie ein Mühlstein.

Von dem **Kastell bei Dambach** sind im Gelände so gut wie keine Spuren zu erkennen. Lediglich eine Hinweistafel informiert über die Lage südlich des heutigen Kreutweihers. Das Kastell war nur 100 Meter vom Limes entfernt und nahm zunächst eine Fläche von einem Hektar ein. Später wurde es dann auf über die doppelte Fläche erweitert und in Stein ausgebaut. Bruchstücke einer Bauinschrift aus der Zeit des Kaisers Commodus (180–192) können sich sowohl auf den ersten Aufbau wie auch auf die Erweiterung beziehen. Möglicherweise waren 360 Fußsoldaten und 120 Reiter der *Cohors II Aquitanorum equitata* aus Regensburg in diesem Lager stationiert. Einzelfunde und Grabungen in der Nähe lassen auf eine ausgedehnte zivile Siedlung und mehrere Gräberfelder schließen. So stieß man etwa 150 Meter südlich des Kastells auf eine Badanlage im Bereich des Lagerdorfes. 250 Meter östlich des Kastells sind nur 50 Meter hinter dem Limes Wälle in ovaler Form erkennbar. Sie werden als die Reste eines kleinen Amphitheaters angesehen. In solchen Arenen veranstaltete man für die Hilfstruppen in den kleineren Lagern am Limes Tierhetzen und Gladiatorenkämpfe. Funde, die Mitte des 19. Jahrhunderts nahe des Kastells Dambach gemacht wurden, darunter wertvolles Bronzegeschirr, sind im Markgrafen-Museum Ansbach ausgestellt. Der Limes ist im Bereich des Kastells Dambach stellenweise noch deutlich im Gelände zu erkennen (Wanderwegmarkierung Blauer Punkt). Einen Kilometer westlich des Kastells durchschneidet er eine Gruppe von etwa 30 bronzezeitlichen Grabhügeln. Sie wurden von der Reichs-Limeskommission erstmals untersucht. Eine Rettungsgrabung im Jahr 1983 verschaffte der Wissenschaft neue Erkenntnisse über die Bronzezeit im nördlichen Bayern.

Weiter in Richtung Dennenloher Weiher (östlich der Straße Bechhofen–Unterschwaningen zwischen WP 13/36 und WP 13/38) wurde der Verlauf des Limes durch Laubholzreihen markiert. Wo sich heute in einer Senke ein künstlicher See ausbreitet und im Sommer zum Wassersport einlädt, zog einst der Limes dahin. Aus grobbehauenen Sandsteinen wurde ein Stück dieser Mauer nachgebaut und mit einem Fischgrätmuster (*opus spicatum*) verziert. Dieser Wiederaufbau vermittelt einen Eindruck von der drei Meter hohen und etwa 1,2 Meter breiten Grenzbefestigung, die über 166 Kilometer von der Rems bis an die Donau verlief.

Rund fünf Kilometer südlich von Dennenlohe lag das Numeruskastell Unterschwaningen. Es ist im landwirtschaftlich genutzten Gelände nur als flachgeneigte Erhebung zu erkennen. Eine Informationstafel gibt Auskunft über die Geschichte und die Bedeutung des 92 mal 85 Meter messenden Kastells.

Wiederaufgebautes Mauerstück am Dennenloher See

21 LIMES UND KASTELLE UM GUNZENHAUSEN

Wachtturm bei Unterhambach: Von der Straße Unterschwaningen –Gunzenhausen in Cronheim nach Norden Richtung Unterhambach abbiegen. Parkmöglichkeit am südwestlichen Ortsrand; hier leitet die Markierung 10 in südwestlicher Richtung bis zum Limes; mit dem deutlich sichtbaren Schuttwall geht es rund 200 Meter nach Osten die Anhöhe hinauf (Wegweiser „Römerturm").

Limestürme und Kleinkastell im Burgstall-Wald: Östlich des Stadtkerns von Gunzenhausen kann man in der Leonhardsruhstraße am Parkplatz Freibad oder am Ende der Krackerstraße (linke Nebenstraße der Leonhardsruhstraße), parken und jeweils mit dem Sportpfad zur höchsten Erhebung des Burgstalls mit einem Bismarck-Denkmal hinaufsteigen.

Städtisches Museum, Rathausstr. 12, mit Funden aus römischer Zeit, geöffnet täglich außer montags, Faschingsdienstag, Karfreitag, Dienstage nach Ostern und Pfingsten sowie am Oster- und Pfingstmontag vom 1. Mai bis 15 Okt. 10 bis 12 und 13 bis 17 Uhr, vom 16. Okt. bis 30. April wochentags von 13 bis 17 Uhr, sonntags von 10 bis 12 und 13 bis 17 Uhr, Tel. 09831/50867.

Der außergewöhnliche **Wachtposten WP 13/45 bei Unterhambach** bestand aus zwei Türmen. Die Reste eines Turmes sind zehn Meter hinter der Mauer noch gut sichtbar. Daneben ist der Graben eines älteren Holzturmes nur schwach zu erkennen. Westlich davon war an die Mauer ein weiterer, recht kleiner Steinturm angefügt, von dem allerdings nichts mehr zu sehen ist.

In der heutigen Altstadt von Gunzenhausen lag ein kleineres Kastell. Es war seit 823 durch ein Benediktinerkloster überbaut, heute erhebt sich hier die evangelische Stadtkirche. Darum sind nur wenige Aussagen über das Lager möglich. Nur eine Tafel erinnert an seinen Standort. Vermutlich handelte es sich um ein Numeruskastell zur Überwachung des Altmühlübergangs. Dieser war mit hölzernen Palisaden gesichert, deren Reste im Flußbett nachgewiesen wurden. Am westlichen Altmühlufer endet die Limesstrecke 13, am Ostufer beginnt die Strecke 14.

Im Bereich des Burgstalls im östlichen Stadtgebiet von Gunzenhausen hatte der rätische Limes seinen nördlichsten Punkt erreicht. Er zog von hier aus in weitem Bogen nach Südosten auf die Donau zu. Die nahe beieinander liegenden Grenzbauwerke weisen auf die militärische Bedeutung dieses vorgeschobenen Limesabschnittes hin.

Das Bismarckdenkmal auf dem Vorderen Schloßbuck in Gunzenhausen wurde zum Teil aus Steinen des Limes erbaut. So jedenfalls berichtet seine Inschrift. Unmittelbar östlich davon wurden die Grundmauern eines **Limeswachtturmes** WP 14/4 restauriert. In den außergewöhnlich großen Turm wurde eine Zwischenmauer eingefügt. Den Verlauf des Palisadenzauns veranschaulichen in diesem Bereich Holzstämme.

Nur eine kurze Wegstrecke weiter östlich liegt am Hang des Vorderen Schloßbucks ein weiterer rekonstruierter **Limeswachtturm** WP 14/5. Schautafeln an beiden Wachtposten informieren die Besucher ausführlich. Der Fußweg weiter nach Osten markiert den in diesem Bereich kaum mehr sichtbaren Wall. Nach etwa 500 Metern liegt südlich der hier wieder deutlicher erkennbaren Mauerreste das **Kleinkastell** auf dem Hinteren Schloßbuck. Im Inneren der 20 mal 20 Meter großen Anlage steht ein Gedenkstein mit der Inschrift „Castrum Romanum". 70 Meter weiter sind die Spuren des nächsten Wachtpostens WP 14/6 deutlich zu erkennen: der Hügel eines Holzturmes und die Mauerreste des Steinturmes.

Wachtturmfundamente am Burgstall bei Gunzenhausen

22 KASTELL ICINIACUM UND BAD BEI THEILENHOFEN, LIMESTÜRME BEI THANNHAUSEN

Theilenhofen liegt an der B 13 zwischen Gunzenhausen und Wei-
ßenburg. In der Ortsmitte führt ein Wegweiser „**Römerbad**" an den
nordwestlichen Ortsrand. Von Theilenhofen aus kann man nach
Nordosten Richtung Thannhausen fahren, dabei passiert man den
Limes mit einem rekonstruierten **Wachtturmfundament bei Rittern.**
In Thannhausen wendet man sich wieder nach Südosten Richtung
Dorsbrunn und quert den Limes erneut.

Etwa 700 Meter außerhalb von Theilenhofen liegt unmittelbar an
der Straße nach Pfofeld das Gelände des einstigen **Kastells
Iciniacum**. Von dem Hochplateau aus hatte man eine gute
Fernsicht zum Limes. Die Nordostecke des Lagers ist durch einen modernen Gedenkstein markiert, die drei anderen Ecken
sind mit Baumgruppen gekennzeichnet. Die heutigen Feldwege
folgen dem Verlauf der Mauern, so daß die Ausdehnung des
Kastells gut zu erfassen ist. Das Kastell mit 196 mal 140 Metern
Seitenlänge war von einem Doppelspitzgraben umgeben. Die
steinernen Umfassungsmauern waren auf jeder Seite von einem Tor durchbrochen, flankiert von je zwei Türmen. Das Lager
war Standort der *Cohors III Bracaraugustanorum*, einer Infante-
rie-Einheit mit berittener Abteilung, deren Name auf Ziegel-
stempeln überliefert ist. Von der Innenbebauung des Lagers
sind die 40 mal 40 Meter lange *principia* (Stabsgebäude), eine
vorgelagerte Halle sowie ein Speicherbau bekannt. Entstanden
ist das Steinkastell noch vor der Mitte des 2. Jahrhunderts; vor-
ausgegangen ist ihm ein Holzkastell. Unmittelbar westlich davon
wurde mit Hilfe der Luftbildarchäologie ein einfaches Holz-Erde-
Kastell entdeckt, das man als Baulager ansehen kann.
Die zum Steinkastell gehörende **Badanlage** wurde etwa 250
Meter westlich des Lagers ausgegraben und restauriert. Dabei
wurde der Grundriß des jüngsten Bauzustandes der einmal völlig neu aufgebauten Therme konserviert. Das Bad besaß sieben
Räume, die man in einer bestimmten Reihenfolge aufsuchte.
Vom Eingangs- und Umkleideraum (*apodyterium*) aus betrat
man das Kaltbad (*frigidarium*) mit dem Kaltwasserbecken in ei-
ner Apsis. Der originale Bodenbelag aus Solnhofener Platten

Römerbad bei Theilenhofen

wird in einer Nachbildung des Kaltwasserbeckens im „Museum auf dem Maxberg" zwischen Solnhofen und Markt Mörnsheim gezeigt.

Im Norden des Bades schlossen sich zwei Räume mit lauwarmen Becken an (*tepidarium*), dann das Warmbad (*caldarium*) und ein beheizter Ruheraum. Eine Fußbodenheizung (*hypocaustum*), die von außerhalb des Gebäudes befeuert wurde, erwärmte das Bad. Kastell und Bad wurden um die Mitte des 3. Jahrhunderts von den Alamannen zerstört.

Aus dem Kastellbereich bei Theilenhofen stammen auch zwei außergewöhnliche Helmfunde. Ein überaus wertvolles Stück ist der Reiter-Paradehelm aus der zweiten Hälfte des 2. Jahrhunderts, der 1974 bei einem Wettpflügen zutage trat. Er ist aus Bronze getrieben, versilbert und zeigt die Darstellungen von Adlern, Löwen, Schlangen, geflügelten Medusenköpfen. Zentrale Figur ist der Kriegsgott Mars, flankiert von je einer Viktoria, der Siegesgöttin. Im gesamten Gebiet des römischen Reiches sind kaum Helme von gleicher Qualität und Bedeutung gefunden worden. Aus Theilenhofen kommt auch der typische Helm eines Infanteristen, eine Weiterentwicklung der ab der zweiten Hälfte des 1. Jahrhunderts üblichen Form des Eisenhelms. Die beiden Helme sind in der Prähistorischen Staatssammlung in München ausgestellt.

Das Mauerwerk des **Turmes bei Rittern** (WP 14/17) auf dem Höhenzug neben der Straße ist aus Bruchsteinen aufgebaut worden. Die Südmauer hat eine deutliche Einbuchtung, eine für einen Wachtturm ungewöhnliche Abweichung von der üblichen Bauform. An den Turm ist östlich und westlich ein abgetrepptes Mauerstück von etwa zwei Metern Länge angefügt worden. Nicht herausgearbeitet ist allerdings die einst vorhandene Fuge zwischen dem früher entstandenen Turm und der Steinmauer. Genau südlich von Thannhausen macht der Limes einen deutlichen Knick. Wo der Limes auf die Straße Thannhausen–Dorsbrunn trifft, wurde im Zuge des Straßenbaus ein weiterer **Wachtturm** ausgegraben und teilweise rekonstruiert (WP 14/20). 1887 sah man hier noch einen „großen Thurmhügel". Hundert Jahre später waren die Mauern gründlich abgetragen worden. Nur die unterste Lage des Fundamentes war noch erhalten. Mit 5,7 mal 4,7 Metern Grundfläche entspricht der Turm den Größenverhältnissen der benachbarten Wachtposten. Fünf Meter östlich dieses Steinturmes fand sich der Umfassungsgraben eines Holzturmes. Den Wachtdienst hatten hier Soldaten aus Theilenhofen zu versehen. Im Turminnern waren mehrere Teile ihres einfachen Kochgeschirrs zurückgeblieben. Vom Limes selbst gibt es im Umkreis dieser Türme durch Abtragen der Steine und früheren Wegebau so gut wie keine Reste. Ein neu aufgebautes Limesstück zu beiden Seiten der Nordwand des Steinturmes sowie ein Streifen Steinpflaster in der Straße sollen an den Verlauf der einstigen rätischen Mauer erinnern.

Reiter-Paradehelm, gefunden bei Theilenhofen >

23 KASTELL SABLONETUM BEI ELLINGEN

Von der B 13 nach Ellingen hineinfahren, das Städtchen nach Osten Richtung Höttingen wieder verlassen. 600 Meter hinter der Ellinger Ortsgrenze nach links in einen Feldweg abbiegen (Wegweiser).

Das Numerus-Kastell war Standort einer kleinen römischen Einheit. Der Westturm und die Nordmauer mit Erdrampe sind nach der Ausgrabung nachgebaut worden. Erläuterungstafeln informieren über das Kastell und seine Geschichte.

Das *Castellum Sablonetum* – so der in einer Bauinschrift überlieferte Name des Platzes – liegt zwischen dem 1,8 Kilometer nördlich davon verlaufenden Limes und dem Weißenburger Reiterkastell. Die Innenbebauung des etwa 80 mal 80 Meter großen Lagers weicht von den bisher bekannten Anlagen dieser Art ab. So fanden schon in der großen doppelten Mannschaftsbaracke im Osten des Kastells 24 Contubernien (Zeltgemeinschaften zu je acht Mann) Platz, also annähernd 200 Soldaten. Zwischen den beiden Toren lag ein kleines Zentralgebäude mit Säulengang, das den gepflasterten Weg unterbrach. Im Norden und Westen fand man Gebäude unterschiedlicher Funktion: einen Getreidespeicher (*horreum*), eine mutmaßliche Werkstätte (*fabrica*), das Haus des Kommandanten sowie eine weitere Kaserne. Unter dem Steinkastell lagen die Spuren eines älteren Holzkastells, das wohl in der Regierungszeit von Kaiser Hadrian (117–138) errichtet worden war.

Hinweise auf das tägliche Leben der Soldaten geben die Funde der Grabung; eine Auswahl davon ist im Römermuseum in Weißenburg zu sehen. Unter anderem konnte nachgewiesen werden, daß im Kastell Sablonetum Waffen und Geräte selbst hergestellt und repariert wurden. Neben der alltäglichen Kost aßen die Soldaten auch Feigen und Weinbergschnecken, die Händler von weither in das römische Grenzland gebracht hatten.

Im Bereich des Südtors fand sich eine Bauinschrift. Ihre Übersetzung lautet: „Dem Kaiser Marcus Aurelius Commodus Antoninus Augustus, dem größten Germanen- und Sarmarten-Besieger, Inhaber der tribuzinischen Gewalt, zum dritten Male Konsul, Vater des Vaterlandes, wurde am Kastell Sablonetum die Mauer mit den Toren in Stein ersetzt auf Befehl des Quintus

Spicius Cerialis, des kaiserlichen Legaten mit proprätorischer (statthalterlicher) Gewalt unter dem Konsulat von Mamertinus und Rufus (182) durch die Infanteriegarde unter Aufsicht von Aurelius Argivus, Hauptmann der III. Italischen Legion."

Die Inschrift bezeugt den römischen Namen des Militärlagers und wurde beim Ausbau oder bei einer Reparatur der Umwehrung des Lagers gesetzt. Die Baumaßnahmen wurden im dritten Regierungsjahr des Kaisers Commodus (180–192) durchgeführt. Der Name des Kaisers in der ersten Zeile wurde nach dessen Tod auf Anordnung seines Nachfolgers ausgemeißelt. Diese *damnatio memoriae* (Auslöschung aus der Erinnerung) ordneten römische Kaiser häufig für unliebsame Vorgänger an. Bau oder Erneuerung der Mauer standen möglicherweise in Zusammenhang mit den Markomannenkriegen zur Zeit des Kaisers Marcus Aurelius (161–180). Daß man die Infanteriegarde, die persönliche Wachtruppe des Legaten, zu Bauarbeiten heranzog, war recht ungewöhnlich.

Kastell Sablonetum bei Ellingen

Die Bauinschrift aus Ellingen weist Parallelen zu der aus Böhming auf. Dort hatte man 181 ebenfalls auf Geheiß des Statthalters Cerialis Umwallung, Tore und Türme neu errichtet. Und die dortige Inschriftentafel besteht aus „Ellinger Sandstein", der dem Kastell *Sablonetum* wohl den Namen gab. Jahrhunderte später wurden die Orte Roth, Ellingen und Weißenburg mit der Bezeichnung „am Sand" versehen.

Mittelpunkt Ellingens ist das mächtige Deutschordensschloß; es beherbergt auch das Kulturzentrum Ostpreußen. Durch das Städtchen führt ein Barockrundweg.

24 RÖMERMUSEUM, KASTELL BIRICIANA UND GROSSE THERMEN IN WEISSENBURG

Römermuseum im Zentrum der Stadt neben der Andreaskirche; geöffnet März bis Dezember dienstags bis sonntags 10 bis 12.30 Uhr und 14 bis 17 Uhr, Tel. (09141) 907124
Kastell Biriciana im Westen der Stadt jenseits der Bahnlinie; Zufahrt gut ausgeschildert (zunächst mit „Römische Thermen")
Große Thermen im Westen der Stadt jenseits der Bahnlinie in der Nähe des Kastells; Zufahrt gut ausgeschildert („Römische Thermen"); geöffnet dienstags bis sonntags von 10 bis 12.30 und 14 bis 17 Uhr, von November bis Palmsonntag geschlossen; Führung für Gruppen nach Vereinbarung mit dem Städt. Verkehrsamt, Tel. (09141) 907124

Das **Römermuseum** ist ein Zweigmuseum der Prähistorischen Staatssammlung München. Mittelpunkt des Museums ist der 1979 entdeckte und in seinem Umfang einmalige Römerschatz von Weißenburg. Neben diesem Sammelfund zeigt das Museum auch einen Querschnitt durch die Vor- und Frühgeschichte des Weißenburger Landes von der Steinzeit bis zu Karl dem Großen. Das zweite Obergeschoß ist ganz dem Schatzfund vorbehalten. Bei den Ausstellungsstücken handelt es sich wahrscheinlich um die Ausstattung eines Heiligtums, die während der Alamanneneinfälle zwischen 233 und 259/260 vergraben wurde. Elf Votivbilder aus Silberblech mit der Darstellung römischer Götter sind als volkstümliche Weihegaben anzusehen.

Bronzestatuette aus dem römischen Schatzfund von Weißenburg >

Die Bronzegefäße, die eine Wandvitrine füllen, sind durch Form und Qualität als Kultgeräte erkennbar. Einmalig ist die Gruppe der Bronzestatuetten. Die 17 Figuren römischer Götter aus der zweiten Hälfte des 2. Jahrhunderts stammen aus unterschiedlichen Werkstätten des römischen Reiches. Der Schatzfund zeichnet sich durch seine reichhaltige und vielseitige Zusammensetzung aus. Bemerkenswert sind neben Teilen von Paraderüstungen auch feingearbeitete Beschläge. Unter den Eisengeräten befinden sich eine Waage, ein Schloß, Wagenteile und Holzbearbeitungswerkzeuge sowie als sehr seltenes Stück ein eiserner Klappstuhl.

Das antike **Kastell Biriciana** war das wichtigste Lager zwischen den beiden Altmühlübergängen von Gunzenhausen und Kipfenberg. Das 3,1 Hektar große Kastell wurde zunächst um 90 n. Chr. aus Holz errichtet und um 130 dann in Stein aufgeführt. Es liegt knapp sechs Kilometer südlich des Limes auf einem Geländevorsprung über den Tälern der Schwäbischen Rezat und des Brühlbachs. Das Kastell besaß einen annähernd quadratischen Grundriß von 174/176 mal 179 Metern. Es war von einer Steinmauer mit vier Toren, acht Tortürmen, vier Ecktürmen und acht Zwischentürmen sowie einem Doppelspitzgraben umgeben. Im Zentrum lagen die Kommandantur (*principia*), daneben das Wohnhaus des Kommandanten (*praetoria*), möglicherweise ein Lazarett (*valetudinarium*), Magazinbauten oder Werkstätten und ein Getreidespeicher (*horreum*). Die Mannschaftsbaracken und Stallungen waren Fachwerkbauten. Ein Münzschatz weist auf das Ende des Kastells, das schon im Jahr 233 schwer beschädigt wurde, für die Jahre 253/254 hin.

Die Stammtruppe war die auf Inschriften erwähnte *Ala I Hispaniorum auriana,* ein 480 Mann starkes Reiterregiment, das die vornehmste Einheit in diesem Limesabschnitt war. Diese in Spanien rekrutierte Hilfstruppe wurde kurz vor 162 – wahrscheinlich für die Teilnahme an den Partherkriegen – abgezogen und kehrte vor 183 wieder zurück. Eine ebenfalls für Biriciana überlieferte *Cohors IX Batavorum equitata milliaria exploratum*, eine aus Reiterei und Infanterie gemischte Einheit von etwa 1000 Mann, könnte die Stammeinheit während ihrer Abwe-

Wiedererrichtetes Nordtor des Kastells Biriciana in Weißenburg

senheit vertreten oder auch in der Zeit der Markomannenkriege
verstärkt haben. Der Kommandant der Weißenburger Reiter-
truppe, ein Präfekt aus ritterlichem Stande, befehligte auch die
Besatzungen der umliegenden Limeskastelle Gunzenhausen,
Theilenhofen und Ellingen.

Das nördlichen Kastelltor (*porta decumana*) sowie ein Teil der
Nordmauer wurden rekonstruiert. Bei den dazu erforderlichen
Bodenuntersuchungen fand man unter anderem vor den beiden
halbrunden Türmen des Nordtors jeweils sechs Pfostenlöcher.
Sie markieren den Grundriß einer Toranlage, die zu dem Vor-
läuferkastell aus Holz gehörte.

Neben dem Kastell entwickelte sich im zweiten Jahrhundert ein
blühendes kleinstädtisches Gemeinwesen. Es erfüllte für das
Umland wirtschaftliche und kulturelle Aufgaben und war auch
Marktort für die zahlreichen römischen Gutshöfe der Region.
Die große Zivilsiedlung (*vicus*) mit mindestens drei Bäderanla-
gen und wohl auch einem Heiligtum dehnte sich im Westen,
Süden und Osten des Kastells aus. Das Bild des zivilen Biri-

ciana war bestimmt von langrechteckigen Holz- und Fachwerkbauten, die mit ihren Schmalseiten zu den Straßen ausgerichtet waren. Unter einem Dach lagen Wohn-, Werkstatt- und
Verkaufsräume nebeneinander. Durch Einzelfunde während des
Bahnbaus 1867/68 und seit den zwanziger Jahren des 20.
Jahrhunderts sind zahlreiche Handwerkszweige belegt wie zum
Beispiel Bronze-, Eisen- und Holzbearbeitung, Textil- und Le-
derherstellung sowie Ziegel- und Keramikproduktion. Ein wichtiger Einzelfund, heute im Römermuseum zu sehen, ist das Mili-
tärdiplom von Weißenburg. Die Entlassungurkunde des Reiters
Mogetissa auf zwei Bronzetäfelchen stammt vom 30. Juni 107.
Ein auf Luftbildern erkennbares Steingebäude neben den Großen Thermen könnte ein Unterkunftshaus für Reisende (*mansio*) gewesen sein. Schließlich wird im „Thermenviertel" auch
ein Heiligtum vermutet, dessen bewegliches Inventar im Schatzfund erhalten blieb.
Mit Hilfe der Luftbildarchäologie wurde im Westen der Stadt ein
240 mal 160 Meter großes Kastell ausgemacht. Das zeitlich
nicht eindeutig zuzuordnende **Holz-Erde-Kastell** wurde offensichtlich nur vorübergehend genutzt. Der geringe Fundanfall
läßt darauf schließen, daß das Lager planmäßig geräumt
wurde, und zwar spätestens in der Zeit der Kaiser Traian und
Hadrian (115–123). Das Kastell war von zwei bis zu 3,5 Metern
breiten und 2,4 Metern tiefen Spitzgräben umschlossen. Die
Mannschaftsbaracken im Inneren waren leichte Holzbauwerke.
In solchen Kastellen – Basislager für eine Baumaßnahme –
blieben Truppen in der Regel nur für zwei bis drei Jahre stationiert. Möglicherweise war die für Weißenburg belegte Bataver-
Kohorte nicht im Kastell Biriciana stationiert, sondern in diesem
1,6 Kilometer entfernten Holz-Erde-Kastell. Als ihr späterer
Standort kommt das Kastell Ruffenhofen in Frage.
Eines der wichtigsten öffentlichen Gebäude der römischen Zivilsiedlung auf dem Boden des heutigen Weißenburgs waren
die **Großen Thermen** (*thermae maiores*). Das Badegebäude ist
eines der größten erhaltenen römischen Bauwerke in Süddeutschland. Es wurde in der Nähe des Kastells entdeckt, konserviert und teilweise rekonstruiert. Das „Volksbad" war Treff-

Rekonstruktion eines Kaltwasserbeckens in den Großen Thermen >

punkt der Handwerker, Bauern, Gastwirte, Händler und Veteranen, die im zivilen *vicus* und in den Gutshöfen der Umgebung wohnten. Die Therme diente nicht nur der Gesundheit und der Hygiene, sondern auch der Unterhaltung, dem Sport und dem politischen Gespräch.

Beim Bau wurden nur heimische Materialien verwendet. Die Mauern waren aus Jurakalkstein, die Badebecken und die Stufen mit Solnhofener Platten belegt. Die Großen Thermen besaßen mehrere Heiz- und Umkleideräume, beheizte Aufenthaltsräume, eine Gymnastikhalle, Warm-, und Kaltwasserbecken, Schwitzbad und Tauchbecken. Einige Becken und Räume hatten außer einer Fußbodenheizung (*hypocaustum*) noch eine Wandheizung (*tubulatio*) mit nebeneinander aufgemauerten Hohlziegeln, durch die Warmluft strömte. Die Versorgungsleitungen waren aus Tonrohren und teilweise aus Blei gefertigt. Eine Kanalisation leitete die Abwässer in die tiefer gelegene Schwäbische Rezat. Die meisten Funde bei den Ausgrabungen hat man im Schlamm des großen Abwasserkanals entdeckt: Münzen, Haarnadeln, Ohrringe und Spielsteine.

Ebenfalls durch die Luftbildarchäologie wurde im Hinterland des Limes in der Umgebung von Weißenburg eine Vielzahl von römischen Gutshöfen entdeckt. In einer von ihnen hatte sich ein Veteran der *Ala I Hispanorum* aus dem nahen Kastell als Gutsbesitzer niedergelassen. Wer die Fundamente einer solchen *villa rustica* betrachten möchte, kann einen Abstecher auf der Bundesstraße 2 nach Süden ins rund 10 Kilometer entfernte Treuchtlingen machen. Am Südhang des Nagelberges liegt der **Gutshof** von Treuchtlingen-Weinbergshof. Das Wohngebäude gehört zu dem in den römischen Provinzen weitverbreiteten Typus der Portikus-Villa mit Eckrisaliten.

25 LIMES MIT WACHTTÜRMEN UND KLEINKASTELL IN DER HARLACH BEI BURGSALACH

Limes 1 km südlich von Burgsalach; Wanderparkplatz am Limes; Wanderwege „Auf den Spuren der Römer", 5 und 9 km lang; Kleinkastell 2,5 km südwestlich von Burgsalach; Parkplatz, Informationstafeln

Der **Limes** und der Wanderweg folgen zunächst in südöstlicher Richtung dem Waldrand. Nach etwa 500 Metern wird das restaurierte Fundament eines steinernen Wachtturmes (WP 14/48) erreicht sowie ein nachgebauter Mauerabschnitt. Unmittelbar daneben erhebt sich ein hölzerner Turm, der in seiner Form einem Limeswachtturm angenähert ist. Als Vorbild dienten Darstellungen auf der Traiansäule in Rom, auf der solche Türme mit Umgang und Palisaden wiedergegeben sind. Sie hatten allerdings keine Treppen in ihrem Inneren; die römischen Posten gelangten mit einer einziehbaren Leiter zum Eingang in halber Höhe des Turmes. Der Abstand zwischen den Wachtposten war so gewählt, daß von einem Turm aus stets die beiden benachbarten Türme in Sichtweite lagen.

Die Wanderwege führen dann durch den Wald zu einer Römerstraße, die die Kastelle Weißenburg und Pfünz miteinander verband. Auf ihr geht es weiter zum sogenannten Burgus. Auf der kürzeren Route, die unmittelbar beim Aussichtsturm nach rechts abbiegt, wird auch ein Hügelgrab aus der Hallstattzeit berührt.

Das **Kleinkastell** in der Waldabteilung Harlach wird gemeinhin „Burgus" genannt, obwohl in der Fachsprache nur die spätrömischen Befestigungsanlagen an Donau, Iller und Rhein so bezeichnet werden. Das Bauwerk ist einmalig am gesamten obergermanisch-rätischen Limes und in vergleichbarer Form nur noch in Nordafrika zu finden. Möglicherweise hat ein höherer römischer Beamter oder Prokurator die Pläne für das Bauwerk aus der Spätzeit des Limes von dort mitgebracht. Über das halbkreisförmig zurückgesetzte Tor gelangte man in einen Innenhof, um den sich die Unterkunftsräume der Mannschaft gruppierten. Die Innenausbauten hatten Holzwände und waren jeweils mit einer Herdstelle ausgestattet. Gegenüber dem Eingangstor befand sich in einer Apsis das Fahnenheiligtum. Links vom Tor lag das Treppenhaus, rechts die Offizierswohnung.

In dem Burgus war wahrscheinlich eine selbständige taktische Einheit von etwa 100 Mann mit *centurio* stationiert; ein solches Lager wird darum auch als *centenarium* bezeichnet. Der Ort am Knick der wichtigen Limesstraße von Weißenburg nach Pfünz könnte es aber auch nahelegen, im Burgus eine Station der Straßenpolizei (Benefiziarier) zu sehen. Der Bau hatte nur kurze Zeit Bestand, bis das Land nördlich der Donau geräumt und der Limes aufgegeben werden mußte.

Die Rekonstruktionszeichnung – eine von mehreren Möglichkeiten – zeigt einen geschlossenen, wehrhaften Bau mit zwei Stockwerken und einem zinnenbekrönten, offenen Wehrgang. Von dem gedeckten, ebenfalls zweistöckigen Umgang um den Innenhof aus waren die einzelnen Räume zugänglich. Das Bauwerk hatte ein nach innen geneigtes Dach, damit das Regenwasser in Zisternen fließen konnte. Die Räume hatten an den Außenwänden lediglich kleine Schlitzfenster. Die quadratische Befestigungsanlage von etwa 32 Metern Seitenlänge besaß einen einzigen, großzügigen Eingang mit einem halbkreisförmigen Vorhof (1). Die Torgasse (2) mit zwei verschließbaren

Toren führte zum Innenhof (3), in dessen Ecken sich Zisternen befanden. Umgeben war er von einem gedeckten Umgang (4). Dem Eingang gegenüber lag in einer Apsis das Fahnenheiligtum (5) mit kleinen Nebenräumen. Unmittelbar links neben dem Tor war das Treppenhaus (6); ein anschließender großer Raum in der Südwestecke (7) wird als Magazin gedeutet. Rechts neben dem Tor war wohl die Wohnung

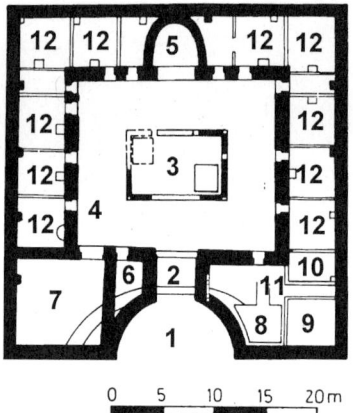

des Kommandanten: ein großer Raum mit Keller (8), ein sorgfältig ausgestatteter Wohnraum (9) sowie eine Küche (10), ver-
bunden durch einen Gang (11). Die Räume für die Mannschaf-
ten (12) waren jeweils rund 20 Quadratmeter groß.

Etwa einen Kilometer weiter im Süden wurde durch die Luftbildarchäologie ein weiteres Kastell entdeckt, das offensichtlich
auch in Bezug zur Römerstraße steht. Es ist nicht näher erforscht. Zweieinhalb Kilometer Luftlinie nordwestlich des Burgus, wo sich bei Oberhochstatt die Straßen nach Indernbuch
und Burgsalach trennen, wird ein Numerus-Kastell vermutet.
Der Fund von vier neun Zentimeter großen Bronzebuchstaben,
die nur von einer Bauinschrift stammen können, weist darauf
hin.

Kleinkastell in der Harlach bei Burgsalach aus der Luft

26 LIMES UND KLEINKASTELL BEI PETERSBUCH, WACHTTÜRME BEI ERKERTSHOFEN, KLEINKASTELL HEGELOHE

Die Straße von Burgsalach nach Raitenbuch setzt sich nach Kaldorf und **Petersbuch** fort. Wo sie 500 Meter nordwestlich von Petersbuch den weithin als Buschwall sichtbaren Limes („Pfahlhecke") kreuzt, besteht eine Parkmöglichkeit.

Nördlich des Limes gelangt man von Petersbuch nach **Erkertshofen**. Ausgangspunkt für einen Spaziergang am Limes ist der Wanderparkplatz am östlichen Ortsausgang von Erkertshofen an der Straße nach Herlingshard.

Um von Erkertshofen nach Altdorf bzw. **Hegelohe** zu kommen, muß man zunächst nach Süden Richtung Wachenzell und dann nach Nordosten Richtung Altdorf im Anlautertal fahren. 2 km südlich des Ortes biegt die Straße nach Hirnstetten scharf nach Osten ab. In der Nähe des Ortes kann man parken.

Der busch- und baumbestandene Schuttwall des Limes macht im Bereich von Petersbuch und Kaldorf den Verlauf der einstigen Grenze des römischen Reichs in der Natur sichtbar. Man folgt dem Limesweg nach Westen auf Feldwegen und Pfaden. Nach etwa zwei Kilometern ist der deutlich erkennbare Limesknick erreicht, an dem sich die Grenzbefestigung stärker nach Nordwesten wendet. Der Wanderweg begleitet sie in den Hochwald hinein. Nach wenigen Metern liegen südlich des Limes neben zwei tiefen Dolinen die schwach sichtbaren Reste eines 400 Quadratmeter großen **Kleinkastells**. Das Tor nach Norden in Richtung Limes läßt sich als leichte Einsenkung im Schuttwall ausmachen. Das Kastell ist nicht näher untersucht; auch über seine Besatzung ist nichts bekannt.

Nach weiteren 500 Metern längs des Limes durch den Wald wird der mit „H" (Jura-Höhenweg) markierte Weg unmittelbar bei einem Fußballplatz überquert. 100 Meter westlich liegen im Wald die konservierten Grundmauern des steinernen **Wachtturmes WP 14/55**. Man kann auch von Kaldorf aus nach Westen direkt zum Sportplatz fahren.

Am Ostrand von Erkertshofen wurde unmittelbar am Parkplatz an der Stelle von WP 14/63 ein **steinerner Wachtturm** rekonstruiert. Er entspricht in etwa den Türmen in der letzten Ausbauphase des Limes.

Der Limesweg „L" und die Markierung 2 begleiten den Schuttwall nach Osten in den Wald hinein. Wo der Limes die Straße verläßt, steht ein Gedenkstein aus dem 19. Jahrhundert. Nach etwa 400 Metern trifft der Weg auf die Reste eines **Wachtpostens** (WP 14/64). Der Hügel des Holzturmes wird von der Steinmauer durchschnitten, östlich daneben liegen die restaurierten Grundmauern des Steinturmes mit zwei Feuerstellen im Innenraum. Ganz ähnlich sieht der in etwa 600 Metern Abstand folgende **„Römerturm" WP 14/65** aus.

Dem Limesweg hier weiter nach Osten Richtung Hirnstetten zu folgen, ist wegen eines Taleinschnitts ausgesprochen beschwerlich. Deswegen fährt man auch besser zum nächsten Ziel bei Hegelohe. Südlich der Straße an der Talkante lassen sich im Hochwald die flachen Schuttwälle des **Kleinkastells** ausmachen, benannt nach dem in der Nähe auf der Hochfläche liegenden Weiler. Das Kastell wurde nicht erforscht; auch über seine Besatzung ist nichts bekannt. Die Straße markiert von hier aus in östlicher Richtung für etwa 800 Meter den Verlauf des Limes. Wo sie sich etwas nach Süden wendet, ist der Wall wieder deutlich im Gelände erkennbar. Nach etwa 250 Metern erreicht man die gut sichtbaren Reste des nächsten **Wachtpostens WP 14/68** auf einer kleinen Anhöhe mit Rastplatz und Hinweistafel.

Der Limes zieht für einen Kilometer völlig gerade durch offenes Gelände nördlich von Hirnstetten weiter. Als busch- und baumbestandener Feldrain ist das „Pfahlholz" auch hier deutlich erkennbar. Auf dem Limesweg „L" kann man ihm nach Belieben weiter folgen.

27 UR- UND FRÜHGESCHICHTLICHES MUSEUM IN EICHSTÄTT

Das **Museum des Historischen Vereins** ist in der Willibaldsburg über Eichstätt untergebracht (von der B 13 aus den Wegweisern „Jura-Museum" folgen). Die Öffnungszeiten gelten auch für das paläontologische Jura-Museum: täglich außer montags (jedoch Oster- u. Pfingstmontag geöffnet) vom 1. April bis 30. September. von 9 bis 12 und 13 bis 17 Uhr, vom 1. Oktober. bis 31. März von 10 bis 12 und 13 bis 16 Uhr, Tel. 08421/ 2956.

Seit 1980 ist die ur- und frühgeschichtliche Sammlung des Historischen Vereins Eichstätt nach ihrer Neuordnung wieder der Öffentlichkeit zugänglich. Sie ergänzt die Ausstellungsräume des Jura-Museums auf der Willibaldsburg, das in vorbildlicher Weise in die Erdgeschichte des Altmühltals einführt.

Ein wichtiger Schwerpunkt der Arbeit des Historischen Vereins war seit jeher die Erforschung römischer Hinterlassenschaft im Eichstätter Umland. 1886 wurde dieser Verein gegründet, ein Jahr später das erste Museum auf der Willibaldsburg eingerichtet. Seit 1899 gibt es eine eigene römische Sammlung des Historischen Vereins.

Zusammen mit dem Straßenkommissar der Reichs-Limeskommission und General Ritter von Popp war Friedrich Winkelmann, 1882 bis 1934 Gutsbesitzer in Pfünz, die treibende Kraft im Historischen Verein. Auf eigene Kosten führte er Fundkartierungen und Museumsarbeit durch, er untersuchte das Kastell Pfünz und sorgte mit den Funden aus Pfünz (siehe Kap. 28), Böhming (siehe Kap. 29) und Nassenfels für den Grundstock der römischen Sammlung. Das Archiv des Vereins – Ergebnis der Arbeit einer bedeutenden Forschungsstätte auf der Willibaldsburg – wurde 1945 geplündert und zerstört. 1951 legte man die vor- und frühgeschichtliche Sammlung mit den umfangreichen naturwissenschaftlichen Sammlungen des 1844 begründeten bischöflichen Seminars zusammen.

Ausgestellt in der römischen Abteilung des heutigen Museums sind Inschriftensteine, Steinskulpturen, Amphoren, Küchengeräte, Werkzeug, Waffen- und Rüstungsteile vor allem aus Pförring, Pfünz und Nassenfels.

Vom aufsehenerregendsten Fund im Eichstätter Land, von der 1856 entdeckten Villa in Stammham-Westerhofen, ist nur eine Schautafel zu sehen. Das Bodenmosaik, einzigartiger römischer Fund in Bayern, ist in der Prähistorischen Staatssammlung in München zu bewundern: Jagdszenen, ein Bär, ein Stier und allerlei Meeresgetier sind auf ihm dargestellt. Das Haus, aus dem der kunstvolle Fußboden stammt, gilt als Prunkvilla in außergewöhnlicher Bauart. Um die rechteckige Anlage von etwa 30 mal 40 Metern Größe läuft auf allen Seiten eine Säulenhalle (Peristyl). Das Gebäude kann als Landhaus des Provinzstatthalters von Rätien gelten, der seinen Sitz in Regensburg hatte.

Wer in Eichstätt ist, sollte auf keinen Fall in der Stadt einen Besuch des Informationszentrums Naturpark Altmühltal versäumen. Unter den umfassenden Informationen über Landschaft und Geschichte des größten deutschen Naturparks nimmt auch die römische Zeit einen breiten Raum ein (Notre Dame 1, Tel. 08421/98760, geöffnet April bis Oktober montags bis samstags 9 bis 17 Uhr, sonn- und feiertags 10 bis 17 Uhr; November bis März montags bis donnerstags 8 bis 12 und 14 bis 16 Uhr, freitags 8 bis 12 Uhr).

28 KASTELL VETONIANA BEI PFÜNZ

Altmühlabwärts liegt östlich von Eichstätt Pfünz. Auf dem Kirchberg, einem Bergsporn 40 Meter über dem Altmühltal oberhalb des Ortes liegt das **Kastell**; von der Ortsmitte auf steiler Straße erreichbar; Zufahrt beschildert

Eine eindrucksvolle Freilichtanlage ist das in Teilen wiedererrichtete Kastell bei Pfünz. Auf den antiken Fundamenten wurde das Nordtor des Lagers orginalgetreu rekonstruiert; weitere Mauerzüge und Ecktürme wurden ebenfalls aufgebaut.

Das Kastell Vetoniana wurde etwa um das Jahr 90 zur Sicherung des Altmühlübergangs wichtiger römischer Straßen zunächst als Holzkastell erbaut. Gesichert war es von einem doppelten Spitzgraben, unterbrochen von vier Lagertoren. Da der Graben aus dem Jurafels herausgehauen werden mußte, blieb er vor allem entlang der Westmauer gut erhalten. Die Mauern

Römische Steine im ur- und frühgeschichtlichen Museum Eichstätt

Zwei römische Soldaten in der Wachtstube des Kastells Vetoniana

des 2,5 Hektar großen Lagers heben sich als Wälle deutlich im Gelände ab. Bau- und Stammtruppe des Kastells war die *Cohors I. Breucorum civium Romanorum Valeria victrix bis torquata ob virtutem appellata equitata,* also die erste berittene Kohorte der Breuker, römischer Bürger, genannt Valerische Siegreiche, wegen ihrer Tapferkeit zweimal ausgezeichnet – mit dem damals üblichen Militärorden *torques* in Form eines Bronzeringes.

Das Kastell wurde während der Markomannenkriege zerstört. Eine Inschrift berichtet von einem Wiederaufbau unter Kaiser Commodus in den Jahren 183/84. Das Ende von Kastell und benachbarter ziviler Siedlung Vetoniana in den Alamannenstürmen des 3. Jahrhunderts muß sehr überraschend gekommen sein. Während die Alamannen das Kastell einnahmen, die Torwachen erschlugen und die Gebäude in Brand setzten, versuchte jemand vergeblich, Wertvolles aus dem Tempel zu bergen. Den Schatz umklammernd, fand er unter den einstürzenden Trümmern den Tod.

Auch der ausgedehnte Bereich der Zivilsiedlung (*vicus*) ist eingehend untersucht. Südlich des Lagers traten noch 124 Bauten zutage sowie ein stattliches Kastellbad beim Pfünzer Bach und in der Nähe eine Handwerkersiedlung. Außerdem wurden drei Tempel entdeckt. Die zahlreichen Funde sind größtenteils im ur- und frühgeschichtlichen Museum des Historischen Vereins auf der Eichstätter Willibaldsburg ausgestellt, unter ihnen ein Feldmeßgerät (*groma*), das nur ein einziges bekanntes Gegenstück hat, zu sehen im Nationalmuseum zu Neapel.

Ein kurzer Rundwanderweg um das Kastellgelände mit mehreren Schautafeln lädt zu einem Spaziergang auf den Spuren der Römer ein.

In der Wachtstube des Nordtors schieben wie vor 1900 Jahren zwei römische Soldaten Wache: zwei lebensgroße Modellfiguren nur, aber vom Helm bis zur ledernen Kampfsandale in originalgetreuer Montur. Eine Besonderheit ist eine neun Kilogramm schwere Panzerweste aus 2200 Eisenschuppen und ein Kettenhemd aus 30 000 Eisenringen.

Römerfest am wiedererrichteten Nordtor des Kastells Vetoniana

Vollständig wiederaufgebaute römische Villa bei Möckenlohe

Der Ortsname Pfünz leitet sich vom lateinischen Wort *pons* für Brücke ab. Zur Erinnerung an den wichtigen Altmühlübergang der Römer stehen an der neuen Straßenbrücke, die nun die Funktion der jahrhundertealten Steinbogenbrücke übernommen hat, bronzene Legionäre Wache.

Wer noch mehr nachempfundenes Römische erleben will, sollte von Pfünz über Pietenfeld nach Möckenlohe fahren. Dort ist am nördlichen Ortsrand ein **römischer Gutshof** originalgetreu aufgebaut und als Museum ausgestattet. Geöffnet ist das Gebäude von April bis Oktober montags bis freitags 15 bis 16 Uhr, samstags und sonntags 13 bis 17 Uhr, Tel. (08424) 277 (Donabauer)

29 KASTELL BÖHMING

An der Altmühltalstraße weiter flußabwärts, 400 Meter westlich von Böhming, steht eine weithin sichtbaren Kirche auf dem Gelände des früheren **Kastells**.

Inmitten der einstigen römischen Wehrmauern, die noch heute einen flachen Steindamm in den umliegenden Äckern bilden, steht die Kirche von Böhming. Die Reichs-Limeskommission untersuchte das Numeruskastell um die Jahrhundertwende und fand den Spitzgraben, drei Ecktürme, einen Zwischenturm, Tore an den Längsseiten sowie ein Mittelgebäude. Der wichtigste Fund war eine Bauinschrift von 181. Sie berichtet, daß die Wehrmauer von einer Abteilung der III. Italischen Legion (aus Regensburg) errichtet wurde, und zwar unter der Leitung des Centurio Julius Julinus. Dieser Arbeitstrupp rückte jedoch vor Beendigung des Baus wieder ab. Daraufhin stellte die Breuker-Kohorte aus dem Kastell Pfünz die Tore und die Tortürme fertig. Unter dem Steinkastell fanden die Ausgräber eine umfangreiche Brandschicht. Sie deutet darauf hin, daß es ein früheres Holzkastell gegeben hat. Wahrscheinlich wurde es in den Markomannenkriegen (166–180) ein Raub der Flammen. Dagegen gibt es beim Steinkastell keine Anzeichen der Zerstörung durch die Alamannen wie bei anderen römischen Gebäuden der Umgebung. Die verhältnismäßig große Zivilsiedlung von Böhming lag im Süden und Südwesten des Kastells. Man fand auch die Reste eines Kastellbades, eines kleinen Tempels mit Altar der *Fortuna redux* von 215 sowie zahlreiche Brandgräber aus dem 2./3. Jahrhundert. Der Torso einer Jupiter-Bronzeplastik befindet sich wie die Bauinschrift im ur- und frühgeschichtlichen Museum Eichstätt. Zu den Funden, die aus dem Bereich des Kastell geborgen wurden, zählt auch ein aus Pferdeknochen angefertigter Schlittschuh. Bohrlöcher lassen vermuten, daß er an die Schuhe gebunden wurde. Der Schlittschuh ist im Heimatmuseum Kipfenberg ausgestellt.

30 WACHTTÜRME BEI KIPFENBERG UND LIMESVERLAUF BIS ZUR DONAU BEI HIENHEIM

Ausgangspunkt für eine Wanderung am Limes ist der nördliche Ortsrand von Kipfenberg. Parkmöglickeit im Bereich der Schule an der Straße nach Pfahldorf. Mit den Wegmarkierungen 11, 14, 23 sowie L folgt man auf einer Strecke dem rätischen Limes zu restaurierten Wachtturm-Fundamenten.

Nach einem kurzen steilen Anstieg ist die östliche Spitze des Pfahlbucks – wie die Anhöhe bezeichnenderweise heißt – erreicht. Nördlich des Wanderwegs ist ein parallel zum Schuttwall des Limes verlaufender Graben erkennen. Die Römer haben ihn in den Fels gehauen, um den ursprünglichen Palisadenzaun im Untergrund befestigen zu können. Oberhalb des Steilhanges überschneiden sich die Mauer und der Palisadengraben. Nahe des **Wachtpostens WP 14/78** erhebt sich heute ein hölzerner Aussichtsturm. Von seiner Beobachtungsplattform aus sieht man den Knick, den der Limes hier beschrieb, das Fundament des einstigen Steinturmes und ein kleines Stück nachgebauten Palisadenzaun. Am Hügel des älteren Holzturmes lassen sich der Ringgraben und die von der Reichs-Limeskommission freigelegten vier Pfostenlöcher gut erkennen. Eine Schautafel neben dem Steinturm erläutert den Limesverlauf in der Umgebung des heutigen Kipfenbergs.
Der Wanderweg verläuft weiter neben bzw. auf der Wallkrone des Limes. Der Damm zieht für einen Kilometer schnurgerade

Wachttürme und Palisadenstück auf dem Pfahlbuck bei Kipfenberg

durch den Wald, unterbrochen nur von einigen Wegen oder Grabungsschnitten. Der Schutthügel ist hier noch bis über einen Meter hoch. Nach rund 800 Metern ist bei einer Schutzhütte das konservierte Fundament des **Steinturmes WP 14/77** erreicht. Er hatte einen Estrich, Feuerstellen und einen Eingang auf der Rückseite. Ein Kalkbrennofen, den man bei Pfahldorf entdeckte, ist heute im ur- und frühgeschichtlichen Museum Eichstätt ausgestellt.

Man kann nun dem Limes noch weiter Richtung Pfahldorf folgen, den gleichen Weg zurückgehen oder einen parallel zum Limes verlaufenden Weg wählen. Man trifft dann bei dem Holzturm wieder auf die ursprüngliche Strecke.

Kipfenberg liegt mit seinem Ortskern auf dem einstigen Verlauf des Limes. Die Reichs-Limeskommission ließ die Strecke 14 auch hier am Altmühlübergang enden. Die ersten Limestürme der Strecke 15 lagen unmittelbar östlich des Flusses bei der heutigen Brücke, in der Ortsmitte und auf der Anhöhe im Bereich der Burg. Die Kipfenberger feiern alljährlich ihr „Limes-fest", und in der Nähe des Gasthofs „Zum Limes" steht ein **Ge-denkstein**, von König Max II. 1861 errichtet. Seine Inschrift lau-tet: „Landmarkierung zwischen dem einstigen Reiche der Rö-mer und Germanen: Anfang am Haderfleck zwischen Hienheim u. Weltenburg. Westliche Hauptrichtung durch Bayern u. Wür-tenberg bis zu Rems u. Lorch, sodann nordwestlich an den Main und Rhein. Der Pfahlrain, limes Danubius, vallum Hadria-ni, auch Probi, später die Teufelsmauer genannt, unter Kaiser Hadrianus angelegt und unter Probus noch mehr befestigt. Der Pfahlrain kreuzt bei Denkendorf die Ingolstadt-Amberger Staats-straße und zieht hier vorüber nach Pfahldorf, Hirnstetten an die Eichstätt-Gredinger Districktsstraße zwischen Wachenzell und Herlingshard." Der Text entspricht dem damaligen wissenschaft-lichen Stand.

Sehenswert in Kipfenberg sind unter anderem die vor- und früh-geschichtlichen Wallanlagen auf dem Michelsberg sowie der oberhalb der Burg durch einen mächtigen Stein markierte geo-graphische Mittelpunkt Bayerns, das Heimatmuseum und das Fasenickl-Fastnachtsmuseum. Voraussichtlich ab Mai 1998 ist im Burgbereich ein **Bajuwaren- und Römermuseum** geöffnet. Schwerpunktthema der römischen Abteilung ist der Limes; aus-gestellt sind Fundstücke vom Altmühlübergang in Kipfenberg, aus dem Kastell Böhming sowie vom Michelsberg.

Die Limesstraße verläßt Kipfenberg nach Osten über Gelbelsee und Dörndorf zur B 299; auf ihr fährt man nach Süden bis San-dersdorf. Hier geht es nach Osten ab nach **Altmannstein**. Süd-lich des Marktes am Kochberg liegen die sichtbaren Reste zweier Wachtposten sehr nahe beieinander, weil der Limes hier einen Knick in östliche Richtung macht. Für eine Wanderung zu beiden Wachttürmen kann man Teilstrecken der örtlichen Rundwege 2, 3 und 4 benutzen bzw. miteinander verbinden. Ausgangspunkt sind der Marktplatz oder der Wanderparkplatz am Freibad (Wanderwege-Übersichtstafel).

An der Hangkante am westlichen Kochberg zeigt sich der **Stein-turm WP 15/31** als Schutthaufen. Der Hügel des Holzturmes wird vom Wall durchschnitten; schwach erkennbar ist noch der

*Hadrianssäule am Limesende an der Donau (oben)
und Limeswachtturm bei Hienheim*

runde Graben. Auf einem Weg kann man (ohne Markierung) dem **hohen Limeswall** weiter folgen. Nach etwa 500 Metern tritt der Limes aus dem Wald aus. Hier am Knick der rätischen Mauer im Süden des Kochberges wurden neben einem Holz-turmhügel WP 15/32 die Grundmauern dreier Steintürme ent-deckt. Die Reste dieses außergewöhnlichen Wachtpostens sind schwer auszumachen, weil sie unter dichtem Bewuchs verbor-gen sind.

In Altmannstein selbst erinnern ein Kruzifix in der Kirche sowie das Heimatmuseum an den im Ort gebürtigen Rokokobildhauer Ignaz Günther. Im nahen Hexenagger ist eine wassergetriebene Hammerschmiede zu besichtigen.

Das Riedenburger Schambachtal muß man in Altmannstein Richtung Hagenhill verlassen und weiter nach Osten bis Hien-heim fahren. Dort befindet man sich am Donauufer genau ge-genüber dem einstigen Kastell Abusina (siehe Kap. 31). Die **Wachttürme und das Limesende an der Donau** liegen 2,5 Kilometer nördlich von Hienheim; neben einer „Hadrians-Säule" ist an der Straße nach Kelheim ein Parkplatz.

Die Hadrians-Säule zählt zu der Reihe der Gedenksteine am Li-mes, die Mitte des vergangenen Jahrhunderts unter König Max II. von Bayern errichtet wurden. An dieser Stelle markiert sie das Ende der rätischen Mauer an der Donau. Als baumbestan-dener Feldrain erkennbar, zieht der Limes von hier aus der Do-nau zu und verliert sich nach etwa 400 Metern in den Auen.

Westlich der Säule steht ein rekonstruierter **Holzwachtturm** ähnlich dem bei Burgsalach. Auch wenn seine Form nur nach-empfunden ist, hat man von ihm einen guten Ausblick auf das Donautal und hinüber zum Kastell Eining. Die Fundamente des Steinturmes WP 15/46 sind nur noch als schwacher Hügel er-kennbar.

Von hier aus kann man dem ziemlich exakt nach Westen ver-laufenden Limes für etwa drei Kilometer folgen. Man trifft dabei auf die deutlich sichtbaren Reste von vier weiteren Wachtpo-sten. Auf den ersten paar hundert Metern ist die einstige Grenzmauer nur noch als Feldrain zu erkennen. Als niedriger Damm überquert der Limes dann ein Trockental. Anschließend verläuft der Pfahlrain für etwa 500 Meter am südlichen Waldrand. Kurz nachdem er in den Wald eintritt, trifft man auf die restaurierten, aber inzwischen wieder ziemlich verfallenen Grundmauern des Wachtturmes **WP 15/44**. Etwas östlich davon ist der Hügel des Holzturmes zu erkennen. Von dem Wachtposten WP 15/43, den man nach weiteren 700 Metern erreicht, ist der Schutthügel des Steinturmes zu sehen, der frei hinter der Mauer stand. Der Limes zieht nun durch ein Tälchen. Beim Wiederaufstieg sind hinter dem Wall flache Mulden im Gelände zu auszumachen, wahrscheinlich die „Steinbrüche" für den Mauerbau. Wieder in 700 Metern Abstand zum letzten Turm folgt der nächste Wachtposten WP 15/42. Der große Hügel des Steinturmes liegt im Verlauf der Mauer; nordwestlich davon ist der Ringgraben des Holzturmes erkennbar. Man kann dem Limes noch für etwa 250 Meter bis zu einer Wegkreuzung und einer Pipeline folgen. Hier lohnt sich ein Weitergehen längs der rätischen Grenze nicht mehr bzw. ist es ohne durchgehenden Weg nicht mehr gut möglich.

31 RÖMISCHES STAATSBAD GÖGGING UND KASTELL ABUSINA IN EINING

Von Hienheim nach Süden bis Neustadt a. d. Donau, dort den Fluß überqueren und wieder nach Norden fahren. **Bad Gögging** ist ein Ortsteil von Neustadt.
Die Straße Neustadt a. d. Donau–Kelheim führt weiter nach Eining, das ebenfalls zu Neustadt gehört. 500 Meter südlich des Ortes liegt das eingezäunte **Kastellgelände** (Zufahrt ausgeschildert, Parkplatz); es ist tagsüber zugänglich

Bad Gögging ist das älteste Staatsbad auf bayerischem Boden: Kaiser Marcus Ulpius Traianus ließ – teilweise auf eigene Kosten – um 110 eine Schwefelwassertherme erbauen. Wahrscheinlich beeinträchtigten die Markomanneneinfälle und die der Alamannen im 2. und 3. Jahrhundert den Badebetrieb. Aber er dürfte noch über die Regierungszeit Kaiser Konstantins zu Beginn des 4. Jahrhunderts hinaus bestanden haben, bis dann die römischen Truppen um 400 endgültig aus diesem Donauab-

Römisches Bad unter der St.-Andreas-Kirche in Bad Gögging

Schematische Rekonstruktion des Heizsystems einer Badanlage

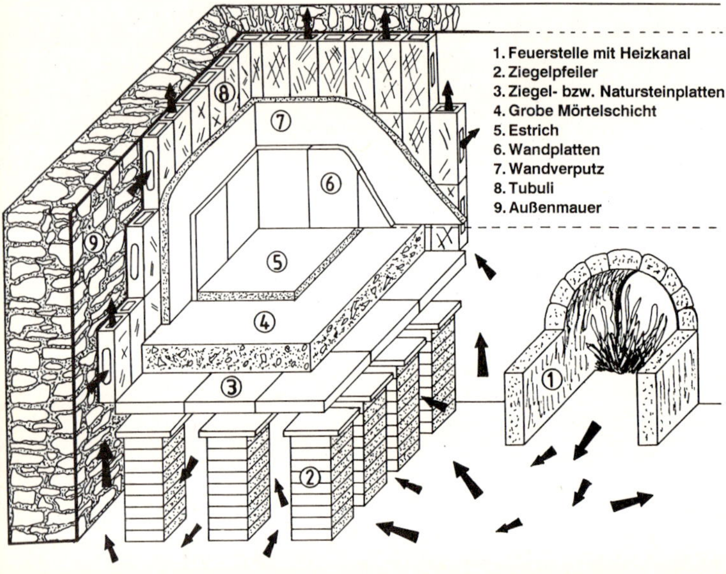

1. Feuerstelle mit Heizkanal
2. Ziegelpfeiler
3. Ziegel- bzw. Natursteinplatten
4. Grobe Mörtelschicht
5. Estrich
6. Wandplatten
7. Wandverputz
8. Tubuli
9. Außenmauer

schnitt abzogen. Die im 6./7. Jahrhundert zugewanderten Menschen jedenfalls fanden vermutlich noch recht intakte Gebäude vor und nutzten sie für christliche Kultzwecke.

Im gesamten alten Ortskern von Bad Gögging stieß man auf Reste römischer Bauten. Bereits kurz nach der Befestigung des Kastells Abusina müssen hier mehrere Holzbauten bestanden haben, wie Brandschichten beweisen. Ob es bereits Ende des 1. Jahrhunderts einen Badebetrieb gegeben hat, konnte bislang nicht geklärt werden. Nach der Stationierung einer Legion in Regensburg erfreute sich das Militärbad Gögging jedenfalls großer Beliebtheit. Insgesamt sind fünf Bauperioden mit dazwischenliegenden Zerstörungen gesichert. Die Ausmaße des Heilbades von Bad Gögging sind annähernd bekannt – 56 mal mindestens 30 Meter –, nicht jedoch der Grundriß des Gebäudes, da der überwiegende Teil der Anlage unter moderner Bebauung liegt. Das Schiff der St.-Andreas-Kirche steht genau über dem großen Badebecken, das die Maße von 10,8 mal 7,8 Metern aufweist. Der Zugang im Osten über drei Stufen, ein breiter Beckenumgang, Wassereinlauf und -abfluß, *präfurnium* (Heizanlage) und Hypokausten sowie ein später entstandenes zusätzliches *präfurnium* wurden ebenfalls aufgedeckt. Eine Besonderheit sind vier Sitzbadewannen, die man unter dem Zugang zum Chor fand. Der Innenraum der großen Halle muß mit farbigen Ornamenten ausgemalt gewesen sein, die Fenster waren verglast. Die Räume, die sich um dieses Badebecken gruppieren, waren in den verschiedenen Bauperioden Veränderungen unterworfen.

Unter den ansonsten recht spärlichen Funden waren gestempelte Ziegel; sie stammten von der *Legio III Italica* sowie von der Eininger Truppe, der *Cohors III Brittonum equitata*. Zudem deuten die Stempel *FISCAL* auf die Beteiligung der Staatskasse, die Stempel *CAESAR* auf die des kaiserlichen Privatvermögens beim Ausbau des Staatsbads Gögging hin.

Das gesamte Bad war von einer Mauer umgeben, die vermutlich mit Türmen versehen war. Die Quelle, die bereits die Römer nutzten, ist unweit der Kirche im heutigen Park des „Römerbades" gefaßt.

Die romanische St.-Andreas-Kirche in der Ortsmitte wird als **römisches Bademuseum** eingerichtet. Auskünfte über Öffnungszeiten und Führungen bei der Kurverwaltung, Tel. 09445/ 8066

Das **Kastell Abusina** wurde bereits im Jahr 80 unter Kaiser Titus als Holz-Erde-Kastell errichtet. Es diente der Sicherung wichtiger Straßenkreuzungen, der Donauschiffahrt und des Ostabschnitts des Limes, der jenseits der Donau einsetzte. Das Auxiliar-Kastell war zunächst Standort der IV. Gallischen Kohorte und später der III. Britannischen Kohorte. Diese ist ab 153 als Stammeinheit überliefert und blieb dort bis zum Ende der römischen Herrschaft im frühen 5. Jahrhundert.

Das um 120 in Stein ausgebaute Kastell wurde im Lauf seiner Geschichte mehrmals zerstört, so in den Markomannenkriegen und zweimal bei den Alamannenstürmen des 3. Jahrhunderts. In der spätrömischen Zeit änderte sich auch die römische Strategie. So entstand Ende des 3. Jahrhunderts im südwestlichen Bereich des ursprünglich 1,8 Hektar großen Lagers auf nur etwa einem Zehntel dieser Fläche ein festungsartiges Bauwerk. Der restliche Kastellbereich wurde vermutlich von der Zivilbevölkerung des Lagerdorfes besiedelt, ab der zweiten Hälfte des 4. Jahrhunderts auch wieder militärisch genutzt. Das Kastell Eining ist die einzige in ihrem Mauerbestand vollständig freigelegte und konservierte römische Wehranlage in Bayern.

Zum Kastell Abusina gehörte eine große **Siedlung.** Bei Untersuchungen wurden etwa 5000 Eisen- und 1500 Bronzegegenstände, zwei kleine Hortfunde sowie unzählige Scherben und Tierknochen geborgen. Aufsehen erregten zwei Terrakottafiguren. Den beiden kleinen, an menschliche Gestalten erinnernde Figürchen wird kultisch-magische Bedeutung zugeschrieben.

Nördlich des Kastells wurden einige Mauerzüge konserviert, so das **Kastellbad** und ein weiteres repräsentatives Gebäude, das als Unterkunft für Reisende (*mansio*) gedacht war. Die Bedeutung des Kastellvicus von Eining kann auch mit den schon zur Römerzeit berühmten Schwefelquellen von Bad Gögging zu erklären sein. Eining war wohl Zwischenstation auf dem Weg von Regensburg nach Bad Gögging.

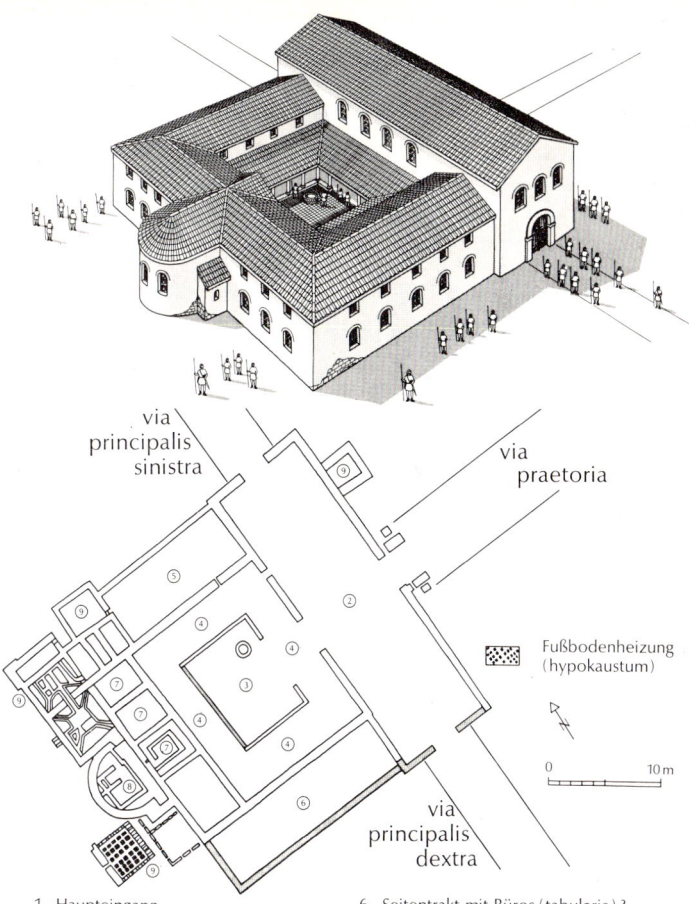

via principalis sinistra

via praetoria

Fußbodenheizung (hypokaustum)

0   10 m

via principalis dextra

1   Haupteingang
2   Vorhalle (Exerzierhalle)
3   Innenhof mit Brunnen
4   Säulenumgang (porticus)
5   Seitentrakt mit Waffenkammer
     (armentaria)

6   Seitentrakt mit Büros (tabularia) ?
7   Quertrakt (mit späteren Anbauten)
     mit Versammlungsräumen (scholae)
     und Kriegsgericht (tribunal)
8   Fahnenheiligtum (capitolium)
     darunter Keller mit Soldkasse
9   Anbauten

Grundriß und Rekonstruktion der Kommandantur (principia) des Kastells Eining

500 Meter nördlich von Eining durchschneidet die Straße nach Weltenburg–Kelheim das Areal eines weiteren, immerhin 11 Hektar großen **Lagers**. Hier in der Gemarkung „Unterfeld" sind im Gelände nur Spuren der Befestigungsgräben zu erkennen; der Nordgraben ist östlich der Straße durch eine Baumreihe markiert. Aufgrund der Erkenntnisse aus Funden, spärlichen Ausgrabungen und vor allem durch Luftbilder wird es als kurzfristig von Teilen der III. Italischen Legion aus Regensburg belegtes Kastell angesehen. Militärische Bedeutung hatte dieses außergewöhnlich große Lager zur Zeit der Markomannenunruhen um etwa 170, nachdem das Hauptkastell Abusina zumindest teilweise zerstört worden war.

Ein Überblick über die römischen Stätten um Eining und die geographische Situation am Limesbeginn läßt sich vom **Weinberg** aus gewinnen. Vom Lager im Unterfeld biegt man nach etwa 500 Metern von der Straße Richtung Kelheim nach rechts (Osten) ab. An einer Weggabelung etwa 250 Meter weiter hält man sich links und erreicht wiederum 300 Meter nordöstlich deutlich erkennbare Schuttwälle am Waldrand. Es sind die Reste eines Mars-Victoria-Heiligtums sowie einer Mannschaftsunterkunft. Von dieser Station am Weinberg aus war die Sicht- und Signalverbindung zwischen dem Limesende jenseits der Donau und dem Kastell Abusina hergestellt.

31 a ARCHÄOLOGISCHES MUSEUM KELHEIM UND ARCHÄOLOGISCHER WANDERPFAD

Museum in der Altstadt im ehemaligen spätgotischen Herzogkasten; geöffnet vom 1. April bis 31. Oktober täglich außer montags 10 bis 16 Uhr, sonst nach Vereinbarung, Tel. (09441) 701273

Das von seiner Anlage bemerkenswerte **Museum** zeigt die Siedlungsgeschichte des unteren Altmühltals mit Originalfunden vom Zeitgenossen des Neandertalers (ab 80 000 v. Chr.) fast lückenlos bis zur Entwicklung Kelheims im Mittelalter. In acht Vitrinengruppen präsentieren sich die archäologischen Funde des Kelheimer Raums, besonders der gewaltigen Anlage des

Archäologisches Museum Kelheim

keltischen Oppidums Alkimoennis auf dem Michelsberg bei Kelheim.
Eine Vitrinen-Gruppe informiert über die Römer an der Donau
(15 v. Chr. bis ins 5. Jahrhundert n. Chr.). Gezeigt werden das
Modell des Kastells Eining und seiner Umgebung, ein Versteck-
fund sowie Beigaben aus den römischen Brandgräbern von Kel-
heim-Affecking und das System der Warmluftheizung. Weiterhin
werden dargestellt: das Leben in einem Limeswachtturm, römischer Handel und römisches Geld, der Aufbau des römischen
Heeres und seine Versorgung aus den *villae rusticae*, Würfel-,
Brett- und Reiterspiele. Ein Prachtstück der Ausstellung ist eine
Parademaske des „orientalischen Typus" aus einem Schatzfund
von Eining.
Das Archäologische Museum Kelheim ist einer der beiden
Hauptausgangspunkte für den **Archäologischen Wanderpfad**.
Er verläuft südwestlich von Kelheim auf beiden Seiten des Do-
naudurchbruchs, der Weltenburger Enge. Auf einer etwa 14 Ki-

lometer langen Rundstrecke erschließt er die Geschichte von zweieinhalb Jahrtausenden. 13 Erläuterungstafeln in seinem Verlauf weisen auf die Zeugnisse aus der Bronzezeit, der keltischen und römischen Besiedelung sowie aus dem Mittelalter hin. Auf dem zweiten Teilstück verläuft der Weg südlich der Donau zwischen Kelheim und Weltenburg. Auf diesem Streckenabschnitt gelangt man unter anderem zu dem spätrömischen Kleinkastell auf dem Frauenberg über Kloster Weltenburg (auch Zufahrt über Weltenburg/Parkplatz oder Stausacker/Fähre) sowie zu einer Straßenwachtstation im Wald zwischen Buchhof und Thaldorf (von der Straße Kelheim–Weltenburg Richtung Holzharlanden abzweigen; nach etwa 500 Metern Fußweg in den Wald).

Von dem **Kleinkastell** sind nur noch geringe bauliche Reste übriggeblieben. In dem 42 mal 15 Meter großen Bauwerk waren an den beiden Schmalseiten Gebäude an die Mauer angelehnt: ein Turm sowie ein Unterkunftsgebäude. Das Kleinkastell stand am Rand eines 40 Meter senkrecht zur Donau abfallenden Felsens. Es wurde wahrscheinlich nachträglich zwischen die Kastelle Eining und Regensburg eingeschoben. Wie diese beiden großen Militärstandorte überdauerte es wohl das Ende der römischen Herrschaft an der Donaugrenze und bot Schutzsuchenden noch bis zur Mitte des 5. Jahrhunderts Zuflucht. Seine Ruinen werden noch gestanden haben – so vermuten Wissenschaftler –, als nach 600 mit Kloster Weltenburg das erste Kloster in Bayern erbaut wurde. Östlich der Straße Kelheim–Holzharlanden bzw. –Thaldorf liegt im Wald an der einstigen Römerstraße von Eining nach Regensburg ein **Burgus**. Die kleine spätrömische Straßenwachtstation oberhalb eines Talhanges ist von zwei heute noch sichtbaren Gräben umgeben.

32 KASTELL, MUSEEN UND RÖMISCHE BRAUEREI IN REGENSBURG

Reste der **Porta Praetoria** finden sich nördlich des Doms im Bereich des „Bischofshofs" an der Straße Unter den Schwibbögen.

Ausgrabungen unter dem **Niedermünster**, Niedermünstergasse 3, nur Sonderführungen (30 Min.) nach Voranmeldung, Donnerstag vormittags geschlossen, Tel. 0941/57796, 5699112

Museum der Stadt Regensburg, Dachauplatz 2-4, mit römischen Inschriftensteinen, Skulpturen und Funden aus dem römischen Regensburg sowie aus Regensburg-Kumpfmühl, geöffnet täglich außer montags 10 bis 16 Uhr, Feiertage auf Anfrage, Tel. 0941/5072448

Römermuseum am Kornweg in Regensburg-Prüfening (im Westen der Stadt) nur Sonderführungen auf Voranmeldung, Tel. 0941/5071441

Die Geschichte Regensburgs gewährt einen Blick auf die spätantiken Verhältnisse des römischen Reiches in einer Grenzprovinz. Ausgrabungen haben gezeigt, daß Regensburg seit der Antike kontinuierlich besiedelt war und auch in den unruhigen Zeiten der Völkerwanderung nicht völlig verlassen wurde. Als Herzogssitz und Bischofsstadt erlangte Regensburg im Mittelalter Bedeutung. Die Mauerreste des antiken Legionslagers begründeten die Fundamente der mittelalterlichen Siedlung. Das bekannteste heute noch sichtbare Beispiel dafür ist die **Porta Praetoria**, die zunächst als Stadttor diente und durch ihre Verbauung im 17. Jahrhundert im bischöflichen Brauhaus erhalten wurde. Beeindruckend sind auch die Ausgrabungen unter der Dompfarrkirche **Niedermünster**, die eindeutig die Siedlungskontinuität des Ortes beweisen. Eine Besichtigung der römischen und frühmittelalterlichen Gebäudereste vom 2. bis 10. Jahrhundert ist allerdings nur nach Voranmeldung möglich.

Die Entstehung des römischen Legionslagers *Castra Regina* hängt eng mit der Geschichte seiner Stammeinheit, der *Legio III Italica* (6000 Infanteristen, 200 Reiter) zusammen. Sie war um 166/167 zusammen mit der Zweiten Italischen Legion (*Legio II Italica*) im Zuge der römischen Offensivpläne gegen die angreifenden Germanen aufgestellt worden. Da die ersten Rekruten der beiden Legionen aus Italien stammten, erhielten sie den

Beinamen Italica. Daneben führten sie noch Ehrentitel, die zweite Legion hieß *Pia* (die Zuverlässige), die dritte *Concors* (die Eintrachtige). Die Truppen sollten ursprünglich wohl als mobiles Heer im Reich eingesetzt werden und wurden erst später in den Provinzen Noricum (Albing-Lorch) und Rätien (Regensburg) fest stationiert. Wann die Dritte Italische Legion ihren Einzug in Regensburg hielt, läßt sich nicht exakt bestimmen. Durch eine Bauinschrift in den Fundamenten des östlichen Lagertors ist aber bekannt, daß das gewaltige Kastell im Jahr 179 fertiggestellt war: „Der Imperator Caesar, des göttlichen Antoninus Pius Sohn, des göttlichen Verus, des größten Parthersiegers, Bruder, des göttlichen Hadrianus Enkel, des göttlichen Traianus, des Parthersiegers, Urenkel, des göttlichen Nerva Ururenkel Marcus Aurelius Antoninus Augustus, Germanensieger, Sarmatensieger, Oberster Priester, mit Tribunengewalt zum 36. Mal [richtig wäre 34. Mal], Feldherr zum neunten Mal, Konsul zum dritten Mal, Vater des Vaterlandes, und der Imperator Caesar Marcus Aurelius Commodus Antoninus Augustus, der Sarmatensieger, der allergrößte Germanensieger, des Imperators Antoninus Sohn, des göttlichen Pius Enkel, des göttlichen Hadrianus Urenkel, des göttlichen Traianus, des Parthersiegers, Ururenkel, des göttlichen Nerva Urururenkel, mit Tribunengewalt zum vierten Mal, Feldherr zum zweiten Mal, Konsul zum zweiten Mal (Vater des Vaterlandes), haben die Mauer mit Toren und Türmen machen lassen durch die 3. italische Legion, die Einträchtige, unter der Leitung von Marcus Helvius Clemens Dextrianus, des kaiserlichen Legaten mit proprätorischer Gewalt [= des Statthalters]"

Der in der Inschrift genannte Statthalter Marcus H. C. Dextrianus war nicht nur oberster Befehlshaber der Legion, sondern des gesamten Militärs in der Provinz. Auch die Zivilverwaltung, die ihren Sitz in Augsburg hatte, unterstand ihm. Er war *legatus Augusti*, persönlicher Beauftragter des Kaisers. Das Regensburger Kastell mußte also nicht nur einer Legion, sondern auch dem Statthalter der Provinz mit seinem ganzen Anhang Platz bieten. Da der Bau einer solchen Festung mit den Abmessungen 540 mal 450 Metern, das ergibt eine Grundfläche von 24,6

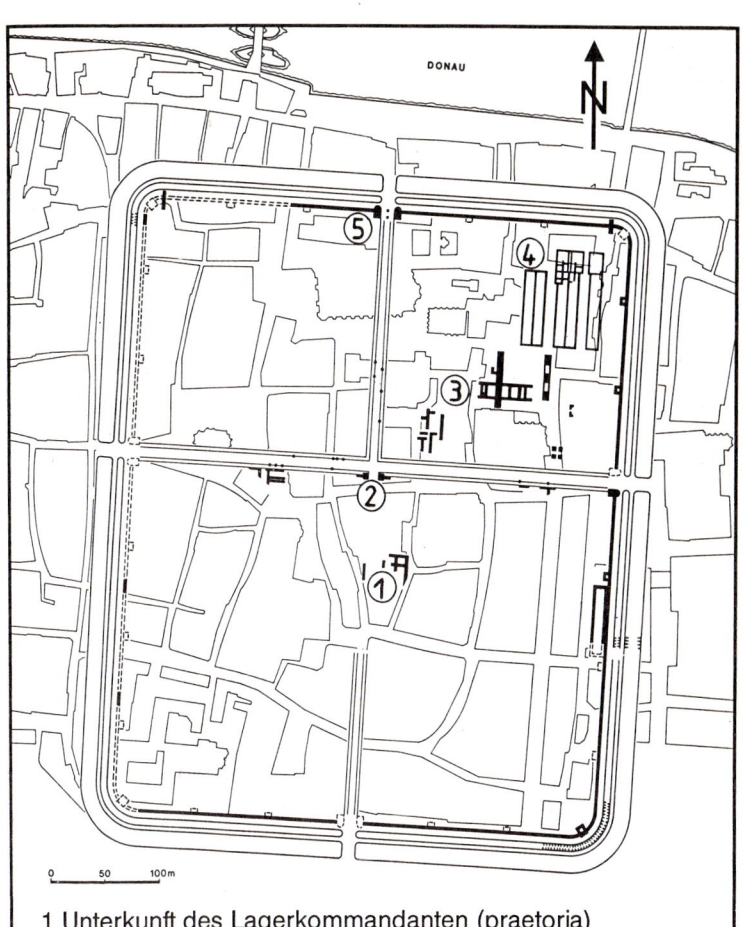

1 Unterkunft des Lagerkommandanten (praetoria)
2 Eingang zum Lagerhauptquartier (principia) im 2./3. Jh.
3 Badegebäude des 2./3. Jh., spätantike Principia des 4. Jh.
4 Mannschaftsunterkünfte   5 Nordtor (porta praetoria)

Übersichtsplan des Legionslagers Castra Regina

Hektar, aus Sand- und Kalkstein sicherlich einige Jahre in Anspruch nahm, kann man davon ausgehen, daß die Legion bereits Anfang der siebziger Jahre des 2. Jahrhunderts hier Stellung bezog. Vermutlich sollte die 6000 Mann starke Truppe nicht nur die Grenze selbst schützen, sondern auch die in den Kriegsjahren eingefallenen Germanen wieder vom römischen Territorium vertreiben. Nach dem Tod des „Markomannenbezwingers" Marc Aurel (161–180), schloß sein Sohn Commodus (180–192) Frieden mit verschiedenen germanischen Volksstämmen. In dieser Zeit waren die Konsolidierung und der Wiederaufbau des grenznahen Hinterlandes das Hauptanliegen der Römer. Die Regensburger Legion wurde dabei immer wieder zu Bau- und Ausbesserungsarbeiten an verschiedenen Orten der Provinz eingesetzt. Beispiele hierfür sind der Bau des Steinkastells Sablonetum (siehe Kap. 23) und der Wiederaufbau des Numeruskastells in Böhming (siehe Kap. 29).

Das Legionslager *Castra Regina* war im typisch römischen Rechteckschema errichtet worden. Vor der Festungsmauer lag ein sechs bis sieben Meter breiter und 2,5 bis drei Meter tiefer Spitzgraben. An jeder Seite öffnete ein Tor den Weg ins Innere des Kastells. Ein Stück der Ostmauer kann man heute noch besichtigen. Es ist beim Bau des Parkhauses am Dachauplatz (gegenüber des Museums) entdeckt worden und wurde auf einer Länge von rund 60 Metern und einer Höhe von etwa fünf Metern freigelegt und restauriert. Im sehenswerten Museum der Stadt Regenburg befindet sich ein anschauliches Modell des Kastells. Die Lagermauer hatte insgesamt 30 Türme, die noch im 8. Jahrhundert den Freisinger Bischof Arbeo zu der Bemerkung veranlaßten, daß Regensburg schwer zu erobern sei, da es aus Quadersteinen errichtet und mit himmelhoch strebenden Türmen versehen sei.

Von der Innenbebauung des Kastells haben sich aufgrund der mittelalterlichen und neuzeitlichen Überbauung nur noch an wenigen Stellen Überreste erhalten. Zwar werden unter dem drei bis fünf Meter dicken mittelalterlichen Schutt immer wieder römische Mauerzüge entdeckt, doch lassen sie sich bislang nicht zu einem befriedigenden Gesamtbild des Lagers zusammenfügen, da flächige Grabungen im Stadtkern Regensburgs nicht möglich sind. Immerhin konnte durch Grabungen unter dem Niedermünster geklärt werden, wie die Mannschaftsunterkünfte der Legionäre ausgesehen haben. Sie wurden zuerst aus Holz errichtet und erst im 3. Jahrhundert nach einer Zerstörung durch die Alamannen durch Steingebäude ersetzt. Die basilikal aufgebauten Baracken waren etwa 60 Meter lang und 10 Meter breit. In der mittleren Längsachse lagen die Schlafräume, die sogar beheizbar waren – im Regensburger Klima ein notwendiger Komfort. In jener Zeit war es den Offizieren bereits erlaubt, außerhalb des Kastells bei ihren Familien zu wohnen. Deshalb fanden sich in den Unterkünften keine Büros und Wohnräume der Hauptleute (*centuriones*), wie dies in älteren Lagern üblich war.

Als die Alamannen 233 den rätischen Limes durchbrachen und das Gebiet zwischen Rhein und Lech bis zum Alpenrand verwüsteten, verschonten sie auch Regensburg nicht. Verschiedene Brandschichten, die man bei Ausgrabungen freilegte, zeugen davon. Danach errichteten die Römer aber neue, massivere Steingebäude wie die genannten Mannschaftsunterkünfte. Trotz des Falls des obergermanisch-rätischen Limes in den Jahren 259/260 konnte sich Regensburg als militärische Festung weiter behaupten. Allerdings zeigen verschiedene Münzschatzfunde aus dem letzten Drittel des 3. Jahrhunderts, daß Regensburg keineswegs eine friedliche Insel in dieser stürmischen Zeit war. Möglicherweise 288, vielleicht schon früher, wurde die Stadt ein zweites Mal zerstört. Kaiser Diocletian (284–305) führte noch im selben Jahr einen Feldzug gegen die Alamannen. Nach seinem Sieg wurde *Castra Regina* wiederaufgebaut. Im Zuge der diokletianischen Heeresreform wurde die Truppenstärke nun auf ein Sechstel dezimiert. Die zerstörte Zivilsiedlung wurde aufgegeben, ihre noch anwesenden Bewohner ins Lagerinnere aufgenommen. Unter der nachfolgenden Regierungszeit des Kaisers Konstantin I. (305–337) erholte sich die jetzt wesentlich kleinere Siedlung und gelangte erneut zu einem gewissen Wohlstand. Aber schon zwei Jahrzehnte später, um 357, wurde Regensburg von den Juthungen zerstört. Danach blieben nur noch wenige Menschen dort, ihre Siedlungsspuren konzentrieren sich

Ausgrabungen unter dem Niedermünster

Römische Brauerei (Museum am Kornweg)

Parademaske (links oben), Kriegsgott Mars (rechts oben, beides Eining); verzierte Beinschienen aus Pförring und Regensburg

auf die Nordostecke des Kastells. Die jüngsten römischen Münzen aufgefunden im Niedermünster, stammen aus dem Jahr 408. Zu diesem Zeitpunkt verließen wohl die letzten römischen Truppen Regensburg. Damit war das ehemals blühende Legionslager den germanischen Eroberern überlassen, die sich aber nur zögernd fest ansiedelten.

Im Gebiet des heutigen Regensburger Stadtteils **Kumpfmühl** entstanden fast genau 100 Jahre vor dem Bau des großen Legionslagers bereits ein römisches **Kastell** (78/80), das den Namen der nahegelegenen keltischen Siedlung „Radaspona" übernahm. Der Standort des Kastells auf der Höhe des heutigen Königsberges erlaubte einen weiten Ausblick in die Donauebene, von der Mündung der Naab bis zu den Vorbergen des Bayerischen Waldes. Somit konnte die Grenzlinie im gesamten Donaubogen überwacht werden.

Das Kastell wurde von der etwa 1000 Mann zählenden Ersten Kohorte aus Canatha in Syrien besetzt. Es wurde aus einem Erdwall mit Graben errichtet, der eine Fläche von 137 mal 160 Metern umschloß. Die Befestigung wurde später durch eine Steinmauer mit vorgelagertem Spitzgraben ersetzt. Um das Kastell lag eine Siedlung römischer Veteranen. Römerlager und Siedlung Radaspona wurden offenbar in den Markomannenkriegen (166–180) zerstört und nicht wieder aufgebaut. Die zum Teil sehr ansehnlichen Funde aus diesem Bereich können im Museum der Stadt Regensburg besichtigt werden.

Auch im Nordwesten der Stadt fanden sich römische Siedlungsreste. Eine großflächige archäologische Grabung konnte sogar ein Kastell nachweisen. Aufschlußreich ist die Ausgrabungstätte am Kornweg im Regensburger Stadtteil **Prüfening**. Es handelt sich um ein ungewöhnliches römisches Wirtschaftsgebäude mit den Abmessungen 8 mal 13 Metern, das vermutlich als Bierbrauerei gedient hat. Damit wäre Regensburg Standort der ältesten bekannten **römischen Brauerei** nördlich der Alpen. Die ergrabenen Gebäudereste sind durch eine Holz-Glas-Konstruktion geschützt, so daß sich die Ausgrabung kaum von den benachbarten Wohnhäusern abhebt. Durch ein kleines Gartentürchen gelangt man zu den überdachten Grundmauern, die von einem

Laufsteg umgeben sind. Das Innere des Gebäudes ist nicht frei zugänglich, doch informieren von außen gut einsehbare Schautafeln über die Geschichte und Funktion dieses außergewöhnlichen Bauwerkes.

Es ist nicht völlig sicher, ob dies wirklich eine Brauerei gewesen ist. Jedoch waren alle Einrichtungen zur einfachen Bierherstellung vorhanden. Andererseits ist bekannt, daß den Römern Bier nicht schmeckte; sie bevorzugten im allgemeinen Wein. Zwar lernten sie das Bier bei den Kelten und Germanen kennen, stempelten es aber als „gewässertes Getreide" ab. Dies schließt jedoch nicht aus, daß ein findiger Geschäftsmann, vielleicht ein romanisierter Kelte, hier Bier braute. Die Brauerei bestand aus drei Teilen: der Darre, der Feuerstelle und dem Braubecken. Daneben befand sich noch ein Brunnen für Frischwasser.

Das Innere der Feuerstelle war mit Lehm verkleidet, was die Reste von verbranntem Lehm an den Wänden beweisen. Äußerlich war sie wahrscheinlich mit einem einfachen Kalkputz auf einem Lehmsockel versehen. An der Rückwand haben sich Brandspuren erhalten, die auf einen offenen Rauchabzug (Kamin) hindeuten.

Das Becken war ursprünglich wohl hüfthoch, um bequem daraus schöpfen zu können. Erhalten sind nur die untersten Grundmauern. Seine Innenauskleidung bestand aus drei Schichten. Der obere Verputz war ein rötlicher Estrich aus Kalk mit viel Ziegelbruch. Darunter lag ein Kalk-Kiesel-Gemisch (Terrazzoboden) zur Wasserabdichtung. Die unterste Schicht diente als Tragfläche gegen den Wasserdruck und bestand aus Kalksteinschotter.

*Römer heute: beim Römerfest in Pfünz, im Naturpark-Informations-
zentrum Eichstätt (oben), im Kastell Weißenburg (unten)*

Literatur und Quellen

Arnold, G., Die Römer im Landkreis Ansbach, Ansbach 1982.

Ders., Die Römer in Franken. Ansbach 1986.

Archäologische Jahr in Bayern, Das, (Jahrbücher), Stuttgart ab 1981.

Baatz, D., Der römische Limes, Berlin 1993[3].

Bericht der römisch-germanischen Grenzkommission 1918/1919, Frankfurt am Main 1920.

Braun, R., Die Anfänge der Erforschung des rätischen Limes, Stuttgart-Aalen 1984.

Braun, R., Frühe Forschungen am obergermanischen Limes, Stuttgart-Aaalen 1991.

Braun R., Th. Fischer, J. Garbsch, Der römische Limes in Bayern, Ausstellungskataloge der Prähistorischen Staatssammlung, Band 22, München 1992.

Burger-Segl, I., Archäologische Wanderungen, Bd. 1: unteres Altmühltal, Treuchtlingen 1993[2].

Christlein, R. und O. Braasch, Das unterirdische Bayern. 7000 Jahre Geschichte und Archäologie im Luftbild, Stuttgart 1982.

Czysz, W., K. Dietz, T. Fischer, H.-J. Kellner, Der Limes in Bayern, Stuttgart 1995.

Eckardt, K., Kompaß-Wanderführer Der rätische Limes von der Rems zur Donau, Limes 3, Stuttgart 1979.

Eichstätter Raum in Geschichte und Gegenwart, Der, Eichstätt 1984[2].

Filtzinger, P., Limesmuseum Aalen, Stuttgart 1987[3].

Fischer, T. und K. Spindler, Das römische Grenzkastell Abusina-Eining, Stuttgart 1984.

Grabert, W. und H. Koch, Römischer Gutshof von Treuchtlingen-Weinbergshof, Reihe Gelbe Taschenbuch-Führer, Treuchtlingen 1985.

Jäger, U., Römische Thermen Weißenburg, Reihe Gelbe Taschenbuch-Führer, Treuchtlingen 1992.

Jäger, U., Die Römer an der Donau – Bad Gögging, Kastell Eining, Reihe Gelbe Taschenbuch-Führer, Treuchtlingen 1995[2].

Keller, Walter E., Die Römer am Limes von der Ostalb bis zur Donau, Reihe Gelbe Taschenbuch-Führer, Treuchtlingen 1994[4].

Landkreis Weißenburg-Gunzenhausen, Reihe Führer z. archäologischen Denkmälern in Deutschland Bd. 14 u. 15, Stuttgart 1987.

Menghin, W., Kelten, Römer und Germanen, München 1980.

Museum der Stadt Miltenberg, Römisches Lapidarium, Miltenberg 1984.

Nuber, H.-U., Ausgrabungen in Bad Gögging, Stadt Neustadt an der Donau, Landkreis Kelheim – Römisches Staatsheilbad und frühmittelalterliche Kirchen, Landshut 1980.

Pätzold, J., Die vor- und frühgeschichtlichen Geländedenkmäler Niederbayerns, Kallmünz 1983.

Planck, D., Das Freilichtmuseum am rätischen Limes im Ostalbkreis, Führer zu archäologischen Denkmälern in Baden-Württemberg, Bd. 9, Stuttgart 1983.

Planck, D. und W. Beck, Der Limes in Südwestdeutschland, Stuttgart 1987[2].

Rathsam, W., Die Römer im Gunzenhäuser Land, Gunzenhausen 1983.

Reindl, J., Bad Gögging – Geschichte und Führer, Bad Gögging o.J.

Schwarz, K., Die Ausgrabungen im Niedermünster zu Regensburg, Kallmünz 1971.

Ulbert, G. und T. Fischer, Der Limes in Bayern, Stuttgart 1983.

Wamser, L., Biriciana – Weißenburg zur Römerzeit, Stuttgart 1984.

Abbildungsnachweis

Bayer. Landesamt für Denkmalpflege: S. 12 u (nach Planck); 13 (nach Baatz); 16/17, 111 (nach Koschorrek)

Gebietsausschuß Naturpark Altmühltal: S. 77 (Rathsam), 85 (Prähistorische Staatssammlung München), 98 u

Jäger: S. 18 (nach Wamser); 89, 105, 108 u; 117 (nach Dietz); 120, 121 b,c,d

Keller: Titel, S. 6; 10 (nach Grabert); 12 o (nach Saalburgmuseum); 21; 23 (nach Beckmann), 26, 30 o, 34, 37, 43, 45, 52, 56, 58, 60, 63, 65; 66 (nach Landesdenkmalamt Baden-Württemberg); 67, 68, 71, 75, 79, 81, 83, 87, 92, 98 o, 100, 103, 108 o, 113, 124

Stadt Osterburken: S. 30 u

Mang: S. 93

Kurverwaltung Bad Gögging: S. 121 a

Ausfaltkarte: Grundlage Mairs Geographischer Verlag

TASCHENBUCHFÜHRER AUS DER GELBEN REIHE:

VERLAG wek

Walter E. Keller
TREUCHTLINGEN

Radwandern an der Altmühl, Radwandern Romantisches Franken, (Rad-)Wandern am Kanal, Radwandern im Fränkischen Seenland, Wandern an der Altmühl, Lehrpfad-Wanderungen, Bootwandern auf der Altmühl, Klettern im Naturpark Altmühltal, Fränkische Seen, Deutsche Limesstraße, Die Römer am Limes, Die Römer an der Donau, Naturpark Altmühltal für Naturfreunde, Naturpark Altmühltal, Römische Therme Weißenburg, Kastell Weißenburg, Archäologische Wanderungen I, II, III, Kirchen in Altmühlfranken, Die Geologie Altmühlfrankens, Kleine Versteinerungskunde, Der Rennsteig, Das Ries, Die Kelten in Bayern

TASCHENBÜCHER AUS DER WEISSEN REIHE:

Erzählungen aus dem Altmühlthale, Das Geheimnis des Hohlen Steins, Fränkische LiteraTouren, Im Reichswald, Garten und Gärtla, Der Karlsgraben (Streitschrift), Du Nachbar Gott, Der wilde Markgraf, Laß dein Brot übers Wasser fahren...

BILDERBÜCHER FÜR GROSS UND KLEIN:

Fossi – der kleine grüne Saurier im Naturpark Altmühltal, Witzlige Geschichten, Pacharo

BILDBÄNDE UND GROSSE TITEL:

Naturpark Altmühltal, Die Altmühl, Altmühltaler Geschichten, Schönes Weißenburg, Der Karlsgraben, Der Karlsgraben und das Treuchtlinger Land, An der Mühlstraße, Eine Wallfahrt nach Maria Brünnlein, Treppen zwischen Tauber, Rezat und Altmühl, Der Hahnenkamm in Franken, Im Dorf daheim, Fränkisches Seenland, Die Erde dürstet, Herr, nach dir, Doch flieg ich wie ein Vogel, Kiridu gehört uns nicht mehr, Skizzenbuch Südtirol, Erinnerungen an Südtirol, Heilicher Omd